Robert Klement, Ein Schloss in Schottland

Bibliografische Information der Deutschen Bibliothek
Die Deutsche Bibliothek verzeichnet diese Publikation in der Deutschen
Nationalbibliografie; detaillierte bibliografische Daten sind im Internet über
http://dnb.ddb.de abrufbar.

© 2007 by Residenz Verlag
im Niederösterreichischen Pressehaus
Druck- und Verlagsgesellschaft mbH
St. Pölten – Salzburg

www.residenzverlag.at

Text: Robert Klement
Coverillustration und Vignetten: Franz S. Sklenitzka
Satz: Verlagsbüro Wien

ISBN 978 3 7017 2029-3

Robert Klement

Ein Schloss in Schottland

Eine Kriminalgeschichte

Residenz Verlag

VORBEMERKUNG

*S*chloss Glamis liegt nahe der schottischen Ostküste.
*Der Autor, ein begeisterter Schottland-Reisender, hat es
mehrmals besucht.*
*Sämtliche historischen Details und Beschreibungen des
Schlosses stimmen mit dem echten Glamis (gesprochen:
„Glahms") Castle überein.*
*Die Personen dieses Romans sind jedoch ebenso frei
erfunden wie die Handlung. Ähnlichkeiten mit leben-
den Personen sind daher zufällig und unbeabsichtigt.*

Kapitel

Was für ein Schloss!

Tim ging durch ein schmiedeeisernes Tor und betrat eine lange Allee. Nach und nach gaben die mächtigen Eichen beiderseits des Weges den Blick auf das imposante alte Bauwerk aus rotem Sandstein frei. Der massige runde Hauptturm in der Mitte ragte mindestens 40 Meter in den abendlichen Himmel. Er wurde von den angrenzenden wuchtigen Gemäuern überragt, die mit ihren zahlreichen Türmchen, Erkern, Giebeln und Zinnenwehren einen Wettstreit um die höchste Erhebung auszutragen schienen.

„Glamis Castle", murmelte Tim ehrfürchtig und blieb stehen.

Er fühlte sich in die Kulisse eines Gruselfilms versetzt. Der Anblick des Schlosses löste in ihm widersprüchliche Empfindungen aus. Die hohen Mauern wirkten auf ihn schroff und abweisend und doch irgendwie vertraut und einladend.

Glamis Castle erinnerte ihn an seine kindlichen Vorstellungen von einem Spukschloss. Genau so wie dieses Gebäude hatte er es sich immer vorgestellt. Ganz genau so.

Hier sollte er die nächsten beiden Sommermonate verbringen. Er hatte sich um die Stelle als Fremdenführer beworben. Ein Ferienjob, der unter Studenten äußerst begehrt war.

Graues Dämmerlicht hatte sich über der hügeligen Landschaft hinter dem Schloss ausgebreitet. Zarte Nebelschwaden lösten sich vom Boden und drehten sich in dem leichten Wind zu einem gespenstischen Tanz.

Etwas in ihm lehnte sich auf und warnte Tim davor, weiterzugehen. Doch plötzlich drang Stimmengewirr, lautes Lachen und Geräusche, als ob ein Fest stattfände, an sein Ohr. Neugierig geworden trat er näher und hatte nach wenigen Schritten den Eingang erreicht.

Tim hob den schweren metallenen Türklopfer in Form eines Löwenkopfes an und ließ ihn auf die eichene Tür fallen. Ein unerwartet lautes Geräusch mit einem merkwürdigen Widerhall ertönte.

Es dauerte eine Weile, dann näherten sich schlurfende Schritte. Ein Schlüssel drehte sich im Schloss und er hörte das Geräusch eines zurückgeschobenen Riegels. Die schwere, mit Eisen beschlagene Tür ging auf.

Tim prallte entsetzt zurück und ließ die Tasche fallen. Im Türrahmen stand eine große zottige Gestalt mit schaurig verzerrten Gesichtszügen. In einer mächtigen Fratze funkelten zwei Augen wie glühende Kohlen im Licht einer Fackel, die das Monster in der klauenförmigen Linken hielt.

Nun streckte die missgebildete Gestalt, die über und über mit Haaren bedeckt war, die freie Klaue mit scharfen Krallen Tim entgegen.

Er stieß einen überraschten Laut aus und fühlte, wie ein eisiger Schauer seinen Rücken hochkroch. Zitternd und mit weit aufgerissenen Augen starrte er auf das behaarte Monster. Er wollte augenblicklich die Flucht ergreifen, doch er fühlte sich wie gelähmt, war zu keiner Bewegung fähig.

„Oh, Entschuldigung, das tut mir Leid!", drang eine Stimme, die so gar nicht zu der Erscheinung passen wollte, an sein Ohr. Mit einem Ruck klappte die Gestalt den Monster-Kopf nach hinten.

„Ich dachte, es ist Sally. Sie wollte um diese Zeit zurück sein und hat keinen eigenen Schlüssel. Das konnte ich nicht wissen."

Dem Mann tat es aufrichtig Leid, er lächelte schuldbewusst.

„Ist nicht so schlimm!", versuchte Tim zu beschwichtigen. „Ich bin übrigens Tim Fraser, der neue Fremdenführer."

„Sie sind der neue Guide? Herzlich willkommen auf Glamis! Mein Name ist Jonathan Ferguson, ich bin hier der Koch."

„Laufen Sie eigentlich immer in diesem Aufzug durch die Gegend?"

„Ach so, ich bin dir eine Erklärung schuldig", meinte der Koch und griff nach Tims Tasche. „Wir proben gerade für den Ghost Walk. Das ist ein Gruselstück für Touristen."

Der Koch versprach, den Butler zu benachrichtigen, der Tim zu seinem Zimmer bringen würde. Als er sich zum Gehen wandte, fiel Tim noch etwas ganz Wichtiges ein:

„Übrigens, Mister Ferguson, welche Rolle spielen eigentlich Sie im Gruselstück?"

Der Koch lachte und streichelte mit der Rechten über sein zottiges Kostüm.

„Das Haarmonster natürlich – kennt doch in Schottland jedes Kind."

„Archibald?" – Tim hatte von dieser Gruselgestalt gelesen, als er sich für seinen neuen Job vorbereitet hatte.

„Klar, Archibald, der Schrecken von Schloss Glamis."

Es dauerte eine Weile, bis der Butler erschien. Er musterte Tim kurz und brachte dann einige Worte in geschraubtem Tonfall hervor:

„Ich bin Stan Polanski, der erste Butler, und bin beauftragt, Sie willkommen zu heißen."

Er sprach so breites Schottisch, dass man ihn kaum verstehen konnte. Dieser Butler war fürwahr eine würdevolle Erscheinung. Groß und schlank, in eine eng anliegende Livree gepresst. Kniehose und schwarzes Jackett, darunter ein weißes Seidenhemd mit Spitzenrüschen. An den Füßen trug er offene Schuhe mit Silberschnallen.

Tim betrachtete den seltsamen Diener mit kaum verhohlener Neugierde.

„Nach Absprache mit unserem Verwalter habe ich Ihnen das Turmzimmer zugeteilt."

Mit diesen Worten schritt er auf die Treppe zu, gemessen, feierlich, ohne sich darum zu kümmern, ob ihm Tim folgte oder nicht. Er dachte auch nicht daran, Tim eines seiner Gepäckstücke abzunehmen.

Schweigend stiegen sie ein schweres Treppenhaus hoch. Sie kamen in eine riesige Halle mit einem gewaltigen Kamin. An den Wänden hingen mittelalterliche Waffen, Gobelins und Kolossalgemälde. Dann ging's treppauf, treppab, durch mehrere verwinkelte Gänge und endlos lange Flure mit vielen Abzweigungen. Tim versuchte sich den Weg einzuprägen, war jedoch bald überzeugt, von hier nie mehr zurückzufinden. Es war wie in einem Irrgarten. Außerdem kamen ihm plötzlich einige Dinge bekannt vor. Sollte sich der Butler einen Spaß daraus machen, ihn mehrmals an derselben Stelle vorbeizuführen?

Am Ende einer schmalen Wendeltreppe blieb er stehen und griff nach einem Schlüssel. Eine Tür begann zu ächzen. Es war, als seien die Angeln seit Jahrhunderten eingerostet. Bei der spärlichen Beleuchtung konnte Tim die Einzelheiten des Raums nur undeutlich erkennen. An den hohen weiß gekalkten Wänden hingen drei verwitterte Ölgemälde, die aus den letzten beiden Jahrhunderten stammen mochten. Rechts ein hoher Kamin, in dem Holz aufgeschichtet war. Neben dem Bett lag eine Bibel auf einem schmalen Nachtkästchen.

Sofort schlug ihm der Muff von trockenen Tapeten entgegen. Der Raum war mit Sicherheit lange nicht gelüftet worden. Der Boden knarrte scheußlich unter jedem Schritt.

„Toilette und Dusche befinden sich im Stockwerk darunter, am Ende des Ganges."

Tim glaubte, ein schadenfrohes Grinsen in seinem Gesicht zu erkennen. Der Butler wandte sich zum Gehen.

„Da ist noch etwas", meinte er wie beiläufig. „Fast hätte ich es vergessen."

Stan Polanski hielt plötzlich einen Baseballschläger in der Hand, der gleich neben der Tür an den Kasten gelehnt stand.

„Wenn Sie nachts Ihr Zimmer verlassen, nehmen Sie immer diesen Schläger mit."

Der Butler holte aus und ließ ihn knapp an Tims Kopf vorbei durch die Luft sausen. Tim wich erschrocken zurück.

„Das soll wohl ein Witz sein", meinte er.

„Reine Vorsichtsmaßnahme", entgegnete der Butler. „Anordnung von unserem Verwalter, Mister Lennox."

Der Butler brach in schallendes Gelächter aus und verschwand. Tim war allein. Er hörte noch, wie eine Tür nach der anderen ins Schloss fiel, dazwischen das irre Lachen des Butlers, der jetzt am Ende des Traktes angelangt sein musste. Dann war es still. Totenstill.

Plötzlich gingen Tim die Worte des berühmten Dichters Sir Walter Scott durch den Kopf, der anlässlich einer Übernachtung in Glamis in seinem Tagebuch notiert hatte: *„Ich bekam plötzlich den Eindruck, dass die Lebenden zu weit weg und die Toten ein wenig zu nahe waren."*

Der Geruch in diesem Zimmer war nicht zu ertragen. Hastig entriegelte Tim ein Fenster und stieß es auf. Er verspürte ein Frösteln, als der Boden unter seinen Tritten schrecklich knarrte. Immer noch dröhnte ihm das Gelächter des Butlers in den Ohren. Kein Zweifel, dieser Stan Polanski war ein Ekel, er musste sich vor ihm in Acht nehmen!

Doch fürs Erste hatte er es geschafft. Jetzt war er ein Bewohner dieses altehrwürdigen Schlosses. Er würde in den nächsten Monaten einen tollen Job auf einem der berühmtesten Schlösser Schottlands ausüben. Es war faszinierend, von 800 Jahren Geschichte umgeben zu sein.

Die nächsten Tage würden gewiss höchst aufregend verlaufen …

Tim erwachte durch die schrillen Töne eines Dudelsacks. Er gähnte schlaftrunken, sprang aus dem Bett und lief zum Fenster. Soeben war vor dem Schloss ein Bus mit Touristen angekommen. Butler Stan stand im Schottenrock und in grünen Kniestrümpfen vor dem Portal und begrüßte die Neuankömmlinge mit Dudelsackklängen.

Es versprach, ein toller Tag zu werden, am blauen Himmel

zeigte sich kein Wölkchen. Das Turmzimmer im 5. Stock bot einen großartigen Ausblick auf die ausgedehnten Gartenanlagen rund ums Schloss. Tim nahm sich vor, den Tag mit einer Besichtigung der Gärten zu beginnen.

Wenig später stand er vor den beiden steinernen Löwen, die am Eingang des Gartens Wache hielten. Tim spazierte zwischen den geometrisch angelegten Buchsbaumhecken, bewunderte die Blumenbeete und atmete tief und genussvoll die frische Morgenluft ein.

„Sir, dieser Teil des Schlosses ist für die Öffentlichkeit nicht zugänglich. Bedaure, Sie müssen das Hinweisschild übersehen haben."

Tim lächelte freundlich und ging auf den jungen Mann, der kaum älter als er selbst war, zu. Er trug einen Hut mit breiter Krempe, hielt einen Rechen in der Hand und war unzweifelhaft als Gärtner zu erkennen.

„Ich gehöre hier zur Mannschaft", meinte Tim entschuldigend. „Mein Name ist Tim Fraser, ich soll die Touristen durchs Schloss führen."

„Verstehe, du bist der neue Guide, willkommen auf Glamis. Ich bin John McAllister. Du kannst John zu mir sagen."

Der Gärtner schien die Begegnung mit Tim als willkommene Unterbrechung für eine Rauchpause zu betrachten. Hastig griff er nach der Packung, genussvoll sog er den Rauch ein. John erzählte Tim vom Leben auf dem Schloss und den Besucherströmen, die in diesem Sommer zu erwarten waren. In der Hochsaison würden Touristen aus aller Herren Länder wie Heuschreckenschwärme über Glamis herfallen.

„Du wirst es als Guide nicht leicht haben", meinte John. „Die Touristen sind ganz wild auf den Hexer."

„Hexer?"

„Oh, ich meine Mister Hexmer. Bei uns heißt er nur der Hexer, er erfüllt die Erwartungen der Leute perfekt. Die Touristen sehen in ihm ein leibhaftiges Gespenst. Niemand wird so oft fotografiert wie er. Du wirst ihn ja bald kennen lernen."

„Hört sich an, als ob der Job nicht einfach wird", meinte Tim.

„Der Mann ist außerdem ziemlich verrückt. Kein Wunder, wenn man seit dreißig Jahren durch dieses Schloss führt."

John nahm einen heftigen Zug von seiner Zigarette und fügte dann hinzu:

„Nimm dich in Acht, hier sind so ziemlich alle verrückt!"

Als Tim zu seinem neuen Quartier im 5. Stock zeigte, wurde John plötzlich blass. Er starrte Tim ungläubig an:

„Was? Sie haben dir tatsächlich das Turmzimmer gegeben?"

„Warum nicht? Ist was mit diesem Zimmer?"

Johns Gesicht war anzusehen, dass er einen inneren Kampf ausfocht. Er schien zu überlegen, ob er ein Geheimnis preisgeben sollte. Dann tat er möglichst gleichgültig und erwiderte:

„Ach, nichts weiter. Es ist nur … kein ausgesprochen komfortables Zimmer, nicht wahr?"

Dies konnte Tim wahrhaftig bestätigen. Doch ein Unbehagen blieb, als er sich vom Gärtner verabschiedete. John hatte ihm gewiss nicht die Wahrheit über sein Zimmer gesagt.

Tim beschloss, sich einer Führung anzuschließen und sich unerkannt unter die Schar der Touristen zu mengen. Die Gruppe war gerade im Salon angelangt. Bevor Tim den Hexer sehen konnte, hörte er ihn reden und es lief ihm eiskalt über den Rücken. Diese Stimme klang wie unheilvolles Donnergrollen, ging einem durch Mark und Bein:

„Sie betreten als nächstes ein Sterbezimmer. Einen Raum, in dem ein schwer verwundeter Schottenkönig seine letzten Atemzüge getan hat. Bitte schließen Sie von hinten auf!"

Jedes Wort hallte von den hohen Steinwänden schaurig wider. Tim konnte sich nicht gegen das Grauen wehren, das in ihm hochstieg, als er den Hexer sah. Er blickte in ein gespenstisches, fahles Gesicht mit schmalen Wangen, die in ein vorstehendes, spitzes Kinn mündeten. Funkelnde Augen lagen tief in den Höhlen. Weiße Lippen gaben den Blick auf schief stehende, überlange Zähne frei.

„In diesem Raum starb König Malcolm II. Er wurde in der Schlacht von Hunter's Hill tödlich verwundet. Man trug ihn zum Schloss Glamis, hier, in dieser Ecke des Zimmers hauchte er sein Leben aus. Sein Nachfolger war der Sohn seiner älteren Tochter, Duncan I., der von seinem blutrünstigen Vetter Macbeth erschlagen wurde. Und nur wenige Schritte trennen Sie vom Ort dieser Tragödie. Betreten Sie nun König Duncans Saal, den Ort des Königsmordes."

Mit jedem Wort erhöhte der Hexer die knisternde Spannung. Die Zuhörer hingen gebannt an seinen Lippen. Der nächste Raum lag in einem diffusen Halbdunkel, das Tim nicht viel erkennen ließ.

„Wir befinden uns nun im ältesten und schaurigsten Raum des Schlosses. William Shakespeare hat diesen Ort in seiner grimmigen Tragödie ‚Macbeth' verewigt. Hören Sie nun, wie es zum Mord am Schottenkönig kam …"

Gerade als die Spannung ihren Höhepunkt erreichte, geschah etwas völlig Unerwartetes. Ein plötzlicher Laut, der rasch anschwoll, erfüllte den Raum und ließ Tim vor Schreck fast im Boden versinken.

Sein Handy läutete!

Das hohe Gewölbe von Duncans Saal ließ das Geklingel verstärkt widerhallen. Alle wandten sich Tim zu, der für Sekunden wie gelähmt dastand. Im Gesicht des Hexers breitete sich augenblicklich Zornesröte aus. Er begann zu zittern und brüllte los, die Worte kamen stoßweise aus seinem Mund:

„Sir, wir haben eine klare Vereinbarung getroffen. Diese sollte auch für Sie gelten!"

Tim konnte nicht wissen, dass der Hexer zu Beginn jeder Führung die Touristen ausdrücklich ersuchte, ihre Mobiltelefone abzustellen. Er murmelte einige Entschuldigungen, während er sein Handy zum Verstummen brachte.

Die Gruppe war nun in der so genannten Gruft angelangt. Dies war die untere Halle des Turmhauses aus dem 15. Jahrhundert. An den Wänden hingen zahlreiche Wappen und Kriegstrophäen, bestehend aus Schwertern, Beilen und Pistolen. Die Eichenmöbel stammten aus der Zeit Jakobs I. Sogar ein Sattel aus der Zeit der Besatzung Oliver Cromwells war zu sehen. Von der Decke hingen verrostete Eisenringe.

„Dieser Teil ist gewiss einer der unheimlichsten Orte des ganzen Gebäudes", erklärte der Hexer. Die Zuhörer hielten gehörig Abstand, denn fast nach jedem Wort spuckte der Guide wahre Fontänen glitzernder Speicheltröpfchen ins schaurige Halbdunkel.

„Die enorme Dicke der Gruftmauern lässt sich durch einen Blick auf die Fenster beurteilen. Und diese Mauern bergen ein schreckliches Geheimnis."

Ein Stöhnen, Ächzen, Würgen war plötzlich deutlich vernehmbar. Die Schreckenslaute schienen aus allen Richtungen zu kommen und pflanzten sich in dem runden Gewölbe schaurig fort. Der Hexer hatte seine Zuhörer mit einem Trick abgelenkt und in einer Nische eine Taste gedrückt. Nun zeigte er sich überrascht und betroffen von den Klagelauten.

„Es ist nur ein Tonband, Ladies and Gentlemen. Aber so hat einst der bedauernswerte Archibald gerufen, gefleht, gebettelt. Hier, irgendwo in diesen dicken Wänden, war er eingemauert."

Das eben Gehörte schien auf die Gäste wie ein eisiger Hauch zu wirken. Kinder klammerten sich an ihren Eltern fest; den Zuhörern war nervöse Anspannung deutlich ins Gesicht geschrieben. Der bekannteste Geist von Glamis sei keinesfalls ein Geist, sondern ein bedauernswertes Monster, erzählte der Hexer. Er würde jetzt keinesfalls irgendwelche Schauergeschichten erzählen, betonte er mit Nachdruck, sondern nichts als die schreckliche und reine Wahrheit:

„Die Chronik sagt, dass im September 1822 dem Lord Glamis ein Sohn namens Thomas geboren wurde. Zur rechten Zeit sollte dieses Kind der 12. Graf werden. Aber die Aufzeichnungen zeigen auch, dass im Oktober des vorhergehenden Jahres noch ein Sohn geboren wurde, der kurz nach der Geburt gestorben war."

Der Hexer hielt kurz inne und rückte mit der schaurigen Wahrheit nur nach und nach heraus:

„Dieser erstgeborene Sohn ist tatsächlich nie gestorben. Er war schrecklich missgestaltet und geistig verwirrt, so dass es von Anfang an klar war, dass er den Titel nicht übernehmen konnte. So wurde er als verstorben verzeichnet und an einem geheimen Ort im Schloss verwahrt. Man nahm an, dass diese Missgeburt die Kindheit nicht überleben würde. Aber das Scheusal überlebte. Tatsächlich wuchs es extrem stark heran und musste hinter diesen Wänden eingemauert werden, da es ihm immer wieder gelungen war, Türen zu zertrümmern."

Plötzlich unterbrach ein Tourist mit unverkennbar amerikanischem Akzent diesen schaurigen Monolog:

„Aber, Sir, wie konnte Archibald überleben, wenn er eingemauert war? Ich meine … er musste doch zu essen und zu trinken bekommen."

Der Hexer war es nicht gewohnt, dass seine Ausführungen durch Banalitäten dieser Art gestört wurden. Er strafte den Fragesteller mit einem feindseligen Blick und versuchte gelassen zu wirken:

„Sie haben natürlich Recht, Sir. Es gab einen Zugang zum Secret Chamber. Dieser wurde durch einen geheimen Mechanismus in der Mauer ausgelöst. Dieser Zugang war gerade groß genug, um dem Monster die Nahrung zuschieben zu können."

Bevor weitere Fragen nach allfälligen Toiletten folgen konnten, wandte sich der Hexer rasch der Wendeltreppe zu.

„Vorsicht, Ladies and Gentlemen, ziehen Sie die Köpfe ein, wenn Sie nicht gerade Pygmäen sind!"

Tim hätte die aufregende Besichtigungstour gerne fortgesetzt, doch er sah, dass es Zeit war, sich beim Verwalter zu melden. Mister Lennox würde um zehn in seinem Büro anzutreffen sein, hatte ihm der Gärtner gesagt. Vielleicht war es möglich, zuvor noch ein Frühstück zu bekommen. Den Weg zurück würde er ohne Probleme finden. In einem unbeobachteten Moment versteckte sich Tim hinter einer Säule und wartete, bis die Reisegruppe über die Wendeltreppe verschwunden war.

„Willkommen auf Glamis Castle!", sagte der Mann mit dröhnender Stimme. „Ich bin Richard Lennox, der Verwalter."

Sein Haar war tiefschwarz, kurz geschnitten und korrekt gescheitelt.

Über den stechenden Augen wölbten sich dichte dunkle Brauen, die über der Nasenwurzel zusammenwuchsen. Er war ein Mann um die fünfzig.

Lennox fragte Tim nach seinem Architekturstudium und erklärte, dass ihm seine Bewerbung sehr gut gefallen habe. Dann erzählte er ihm vom Schloss. Er hatte zahlreiche Bücher und Prospekte über Glamis für ihn vorbereitet. Am nützlichsten sei das Glamis-Touristbooklet, eine umfangreiche Broschüre, die den Schlossbesuchern an der Kasse angeboten werde. Hier würde alles Wichtige in komprimierter Form zu finden sein.

„Am besten, du gehst einige Male mit unserem Mister

Hexmer mit, dabei lernst du den Job am schnellsten."

Lennox erklärte ihm die Zeiten, zu denen serviert wurde. Seine Lordschaft, der 18. Graf von Strathmore und Kinghorne, weile derzeit samt Familie in Australien, erfuhr Tim. In den Sommermonaten ziehe es der Graf vor, seine Zeit in Übersee zu verbringen, der Wirbel rund um sein Schloss sei ihm doch zu groß. Der gegenwärtige Graf hatte drei Söhne: den Erben Simon Patrick, Lord Glamis, den Ehrenwerten John Fergus Bowes Lyon und den Ehrenwerten George Norman Bowes Lyon.

Dann kam Lennox nochmals auf Tims neue Aufgabe zu sprechen:

„Es wird eine harte Zeit für dich, Tim. Oft wirst du erschöpft, entmutigt sein, den Job verfluchen. Wir bezahlen dich dafür ausgezeichnet, außerdem bekommst du Trinkgeld von den Touristen."

Lennox begann Tim mehr und mehr zu imponieren. Ein Hauch von Gelehrsamkeit, gutem Geschmack und Stil ging von ihm aus. Ein wenig entsprach er auch dem Klischee vom spleenigen englischen Adeligen.

„Vieles wird dir in den nächsten Wochen merkwürdig, bizarr, oft sogar unheimlich erscheinen. Denk immer daran: Es ist Teil des Ganzen, Teil unserer Aufgabe."

Lennox zündete sich eine Zigarre an, seine stechenden Augen fixierten Tim durch den aufsteigenden Rauch:

„Es gibt auf diesem Schloss keine TV-Geräte und Computer, kein Radio, keine Tageszeitungen, keine Mobiltelefone. Falls du eines besitzt, gib es bitte noch heute ab. Es gibt nur einen Telefonapparat, der zur Koordinierung der Besuchergruppen unerlässlich ist."

Alle würden sich auf Glamis ganz auf ihre Aufgabe konzentrieren, die Touristen zu unterhalten, erklärte Lennox diese eigenwilligen Gegebenheiten. Man wolle den Gästen Atmosphäre, unverfälschten Grusel und einen Hauch von Mittelalter bieten. Dies sei nur möglich, wenn man in diese Zeit eintauche, ein Teil der unheimlichen Geschichte dieses Schlosses werde.

„Man kann nicht über die Schrecken des Monsters Archibald sprechen, wenn man kurz zuvor eine dämliche Soap im TV gesehen hat", sagte Lennox voll Überzeugung.

„Das leuchtet mir ein", entgegnete Tim und wunderte sich ein wenig, mit welcher Leidenschaft der Verwalter seine Grundsätze vortrug. Am Ende des Gesprächs brachte Tim Einwände bezüglich seines kargen Quartiers vor. Lennox schmetterte die Kritik ab und erklärte, das Turmzimmer sei das ideale Quartier zur Einstimmung in die Schlossatmosphäre.

„Ach, Mister Lennox, in meinem Zimmer sind keine Handtücher", fiel Tim an der Tür ein. „Könnte ich …?"

„Sally!", unterbrach ihn der Verwalter. „Sally wird sich darum kümmern. Sie ist jetzt im Souvenirshop, falls du sie kennen lernen möchtest."

Soeben war eine Gruppe Touristen in Sallys Shop eingetroffen. Die Leute tummelten sich zwischen Ansichtskartenständern und Bücherregalen. Sie kauften Schlüsselanhänger, Schlossvideos, Antiquitäten, Strickwaren und schottische Produkte.

Tims erster Blick galt dem Mädchen an der Kasse, das die Touristen mit Charme und Übersicht bediente. Ihr Haar war dunkelblond, lockig und fiel in die Stirn. Sie trug eine weiße, bestickte Bluse, sah echt toll aus.

„Was kostet dieser Eierbecher?"

Tim fragte mit gekünsteltem Interesse. Das Mädchen nannte ihm den Preis, lächelte, und Tims Haut begann am ganzen Körper zu prickeln.

„Ich würde ihn ja gerne kaufen, aber ich habe nicht so viel Geld bei mir. Akzeptieren Sie auch Kreditkarten?"

Sally nickte, tat ziemlich amüsiert; dies war gewiss der erste Tourist, der einen Eierbecher mit einer Abbildung des Schlosses mit Karte bezahlen wollte. Das Ding kostete nicht einmal ein ganzes Pfund. Allmählich begann dieser Junge lästig zu werden:

„Ich bin nämlich Student und kann mir dieses teure Stück kaum leisten."

„Dann stellen Sie den Becher am besten wieder dort hin, woher Sie ihn genommen haben", meinte das Mädchen schnippisch.

„Ich finde nur, er passt so wunderbar zu Ihren tollen blauen Augen."

Das Lächeln erstarb in Sallys Gesicht. Sie wandte sich einer Touristin zu und tippte etwas in ihre Kasse.

„Sir, Sie sehen, ich bin beschäftigt!"

Tim ließ nicht locker. Mit Unschuldsmiene setzte er nach:

„Halt, ich will ja bloß mit Ihnen ins Geschäft kommen. Meine Tante in London würde sich gewiss sehr über dieses Geschenk freuen."

„Wollen Sie nun den Eierbecher kaufen oder nicht?"

„Im Prinzip schon. Ich kann zumindest eine Anzahlung leisten."

Das Mädchen wandte sich ab und stieß eine leise Verwünschung aus. Tim fand es an der Zeit, die Sache aufzuklären.

„Leider verdient man als Guide auf diesem Schloss nicht genug, so dass man zu Ratenzahlungen gezwungen ist."

Sally wandte sich langsam um, ihre Züge hellten sich auf. Sie lachte, als ihr Tim die Hand entgegenstreckte.

„Idiot", meinte sie grinsend. „Mich so zum Narren halten. Habe schon gehört, dass du hier bist. So was spricht sich rasch herum. Du bist also der Neue."

„Ich hoffe, du bist zufrieden."

„Mal sehen."

Sie hatte große, ein wenig geheimnisvoll blickende Augen. Sally kam aus Edinburgh, sie hatte sich so wie Tim um einen Ferialjob im Castle beworben. Sie war bereits eine Woche hier, denn ihre Schulferien hatten früher begonnen. Im Shop war es wieder ruhiger geworden. Sally erzählte Tim von ihrem bisherigen Leben auf Glamis.

„Mister Lennox hat mir aufgetragen, dich für die Führungen einzukleiden. Du weißt schon, wir alle müssen hier wie auf einem Maskenball herumlaufen. Big Boss will es so."

„Und was willst du mir anziehen?"

Sally musterte ihn vom Scheitel bis zur Sohle.

„Hm, du wirst natürlich niemals so unheimlich wirken wie der Hexer. Ein schwarzer Umhang, steifer Stehkragen, weiße Handschuhe und ein wenig Schminke im Gesicht und du siehst aus wie Doktor Frankenstein."

„Wie wär's mit einem Vampirgebiss?"

„Kannst du natürlich auch haben."

Tim rückte näher zu Sally und schaute ihr tief in die Augen: „Die Zähne stören aber verdammt beim Küssen."

Sally seufzte erschöpft, verzog gequält das Gesicht.

„Du musst ja nicht gleich jeder Touristen-Tussi um den

Hals fallen. Und mir ist es egal, ob du mit eigenen oder fremden Zähnen herumläufst."

Tim wälzte sich unruhig im Bett herum, fand keinen Schlaf. Schließlich erhob er sich und ging zur Waschmuschel, seine Kehle war wie ausgetrocknet, er brauchte dringend ein Glas Wasser. Er hielt sich dabei knapp an der Wand, denn nur so ließen sich die unheimlichen Geräusche des Fußbodens vermeiden. Dieser bestand aus ausgetretenen Dielen, die bei jedem Schritt entsetzlich knarrten.

Vor genau einer Woche war er auf Glamis eingetroffen. Schon nach drei Tagen hatte er erstmals eine Schlossführung übernehmen müssen. Er war ziemlich nervös gewesen und hatte inständig gehofft, die Touristen mögen ihm keine kniffligen Fragen stellen. Doch alles hatte vorzüglich geklappt, die Besucher zeigten sich zufrieden und es gab sogar Trinkgeld.

Er war vom Hexer auch hervorragend eingeschult worden. Tim hatte sich rasch an dessen schrullige Art gewöhnt. Der Hexer war ein geduldiger Lehrmeister, von dem man viel profitieren konnte.

Die Führungen machten Tim mehr und mehr Spaß. Er hatte sich auch an seine Furcht erregende Kostümierung, den schwarzen Umhang, den weißen spitzen Stehkragen und die engen Kniestrümpfe, gewöhnt.

Lediglich mit einigen Kindern gab es Probleme, die in den verschiedenen Schauräumen alles anfassen wollten. Einige Touristen verstießen gegen das Fotografierverbot, das innerhalb des Castles bestand, und Tim musste sie höflich, aber bestimmt zurechtweisen.

Fast jeden Tag gab es unter den Besuchern schmerzhafte Beulen, denn sie vergaßen immer wieder die Köpfe einzuziehen, obwohl Tim nicht müde wurde, auf die Gefahren der niedrigen Eingänge hinzuweisen.

Am liebsten führte Tim durch die Gruft; Archibald und das Secret Chamber übten auf die Gäste eine ungeheure Anziehungskraft aus. Andächtig verharrten sie vor den dicken Mauern, einige klopften an die Steinwände und erschauderten bei dem Gedanken, dass sich hier einst ein Monster verborgen hielt.

Tim öffnete ein Fenster und starrte in die Nacht. Krächzende Schreie von Raubvögeln, die im Dunkel der umliegenden Wälder ihre Beute schlugen, drangen an sein Ohr. Irgendwo bellte zornig ein Hund. Der Mond goss sein Licht kalt auf die Erde herab und tauchte die Spitzen der Eichen in ein weißes, geisterhaftes Licht.

Das Turmzimmer im 5. Stock machte Tim mehr und mehr zu schaffen. Er fragte sich ständig, warum man ihm ausgerechnet dieses entlegene, muffige Quartier zugewiesen hatte. Auch wurde er den Gedanken nicht los, dass dieses Zimmer eine unheimliche Vorgeschichte hatte. Wen immer er nach dem Turmzimmer fragte, er stieß auf eine Mauer des Schweigens.

Im etwas eintönigen Glamis-Alltag bedeutete das Essen einen absoluten Höhepunkt. Jonathan galt als hervorragender Koch.

Nach dem Abendessen bat Lennox in den Salon und unterhielt seine Mannschaft mit Klaviersonaten. Man trank einen Whisky, plauderte und ging nach einer Partie Bridge früh schlafen.

Es war fürwahr ein Haufen Verrückter, zu dem er hier gestoßen war. Besonders aus Stan Polanski wurde Tim nicht klug. Hatte er seine Rolle als Butler bloß so perfekt einstudiert und spielte seiner Umgebung ständig etwas vor? Oder war er wirklich dieser verschrobene unzugängliche Mensch?

Lediglich Sally erschien ihm normal. Bedauerlich war nur, dass er bei ihr nicht so recht weiter kam. Ständig hatte sie irgendwelche Ausreden, wenn er sich mit ihr verabreden wollte. Einmal musste sie Überstunden im Shop machen, dann wieder in der Küche aushelfen. Doch es blieb ja noch genug Zeit, um dieses spröde Burgfräulein zu umgarnen.

Die Proben für den Ghost Walk standen vor dem Abschluss. Da er mit den Führungen vorerst genug Arbeit hatte, musste er in der Gruselshow keine Rolle übernehmen.

Gerade als sich Tim vom Fenster abwenden wollte, begann über dem Turmzimmer eine schaurige Melodie zu ertönen. Der Wind fing sich in den Sparren des alten Daches und ließ die Ziegel klappern. Inzwischen kannte Tim dieses Geräusch, das an das Geklapper einer alten Schreibmaschine erinnerte, zur Genüge. Nachts, wenn der Wind sehr stark vom Meer her wehte, heulte er auch um die vielen Erker und Türme des Schlosses.

Fast jeden Tag fragte Tim jemand nach dem Schatz, der angeblich hier im Schloss verborgen lag. Tim hatte sich gestern an Mister Lennox gewandt:

„Dieses Rätsel haben schon viele Menschen zu lösen versucht", erklärte der Verwalter und gab sich betont gleichgültig. Er erzählte Tim vom alten Brunnen am Treppenfuß zur Gruft. Der bildete einst die einzige Wasserquelle des Schlosses, war aber schon lange trocken. Vor dreißig Jahren wurden in diesem Brunnen Silbergeschirr und andere Wertgegenstände entdeckt. Das könne er bezeugen, betonte Lennox, er habe die Fundstücke selber gesehen. Dann hatte ihn der Verwalter durch den aufsteigenden Rauch seiner Zigarre abwägend angeblickt und gesagt:

„Der Großteil des Familienschatzes der Grafen von Strathmore und Kinghorne ruht aber noch immer irgendwo in diesen Mauern und wird wohl nie gefunden werden."

Dazu erzählte er eine höchst aufregende Geschichte: Zu Beginn des Ersten Weltkrieges gab es begründete Befürchtungen, dass Feinde vom Kontinent das Schloss plündern könnten. Der Familienschatz wurde an mehrere geheime Plätze gebracht. Der älteste Sohn des 15. Grafen kam im Hochländerregiment ums Leben. Als man dem Vater die schreckliche Nachricht überbrachte, verstarb er an einem Herzanfall.

Nur diese beiden Personen wüssten vom geheimen Versteck, erklärte Lennox. Man fand auch keine Aufzeichnungen oder Pläne. Vater und Sohn haben das Geheimnis mit ins Grab genommen.

Als Tim das Fenster schloss und zu seinem Bett ging, streiften seine Blicke ein riesiges Ölgemälde, das gleich neben dem Bücherregal beim Kamin hing. Es zeigte den Sohn des 15. Earl of Strathmore, den Ehrenwerten James, Master of Glamis. „Killed in action 1917", war unter dem Namen vermerkt. Er trug die stattliche Uniform eines Leutnants des schottischen Hochländerregiments. Nur er konnte Antwort auf das Rätsel um den Schatz geben.

„James, wo liegt der Schatz versteckt?", flüsterte Tim und blickte in die forschen Züge des jungen Soldaten. Für einen Augenblick hatte er das Gefühl, dass die Augen ihn von der Leinwand herab durchdringend und zugleich warnend anstarrten.

Tim traf Sally unter dem riesigen Kronleuchter in der Halle. In wenigen Minuten begann das Abendessen.

„Welche Rolle spielst eigentlich du im Ghost Walk?"

Sally war sofort Feuer und Flamme. Mit schwärmerischem Unterton meinte sie:

„Ich bin Lady Glamis, eine Frau von außergewöhnlicher Schönheit, eine tolle Rolle."

„Sie ist dir auf den Leib geschrieben."

„Unangenehm ist nur, dass ich auf dem Scheiterhaufen lande und bei lebendigem Leib verbrannt werde."

Tim war neugierig geworden, wollte mehr über die „Green Lady" wissen. König Jakob V. war von irrem Hass auf die Glamis-Leute besessen und bezichtigte die junge Lady der Hexerei, erzählte Sally. Nach langer Gefangenschaft in einem finsteren Verlies war sie fast blind. Ihr Mann war bereits verstorben, so dass es ihm erspart blieb, ihre Verbrennung vor dem Schloss in Edinburgh mit ansehen zu müssen. Sogar ihr kleiner Sohn wurde zum Tod verurteilt, eingekerkert und erst nach dem Tod des Königs freigelassen.

„Der Hexer schwört, dass die Green Lady noch heute ruhelos durchs Schloss spukt", erzählte Sally. „Einmal hat er sie in einer Ecke der Kapelle gesehen. Dann hat er mit Touristen ihr Zimmer betreten und plötzlich hat sich ihr Spinnrad zu drehen begonnen."

„Der Hexer schwört auf vieles", entgegnete Tim. „Er ist auch davon überzeugt, dass es Archibald wirklich gegeben hat. Wahrscheinlich glaubt er auch an das Ungeheuer von Loch Ness."

Sally betrachtete nachdenklich die Familienportraits.

„Was hältst eigentlich du von den Schauergeschichten, die man sich hier erzählt?"

„Einiges mag stimmen, der Rest ist Dichtung."

„Jedenfalls hat es die Lady Glamis wirklich gegeben. Das imponiert mir an der Rolle."

„Irgendwie bist du aber zu schade, um verbrannt zu werden." Tim rutschte ganz nahe zu Sally, legte seine Hand auf ihr Knie. Sally rückte von ihm weg.

„Ihr London-Boys glaubt, ihr braucht nur zu zwinkern und schon schmelzen wir vor Begeisterung dahin. Wenn du mich erobern möchtest, musst du dir schon was einfallen lassen."

„Ich werde dich erobern wie ein uneinnehmbares Schloss", blödelte Tim.

„Da bin ich aber neugierig, was dir so alles einfällt."

Das Abendessen verlief stets nach dem gleichen Zeremoniell. Alle warteten an der Stirnwand, bis Verwalter Lennox erschien. Zu den Klängen von Henry Purcells Königskantate schritten alle zur Tafel. Dort flackerten zwei Dutzend Kerzen auf silbernen Leuchtern. Alles war schaurig-schön und wirkte doch irgendwie lächerlich.

Anfangs hatte Tim diese völlig neue Erfahrung amüsiert, jetzt begann sie ihm nach und nach auf die Nerven zu gehen. Außerdem störte ihn sein schwarzer Umhang beim Essen. Es war Vorschrift, dass jeder zum Abendessen in den Klamotten erschien, die er tagsüber für die Touristen trug.

Das Essen war heute hervorragend wie immer: Jonathan servierte Moorhuhnbraten mit knusprigem Schinken und hauchdünn frittierten Kartoffeln, grünen Bohnen und Vogelbeergelee. Dazu wurde reichlich Bier getrunken: Pint Bitter und Pint Stout.

Manche Mahlzeiten wurden nach mittelalterlichen Rezepten zubereitet. Das Streben nach „authentischen Vorbildern", wie Lennox es ausdrückte, zeitigte oft sonderbare Auswüchse. Jedes Klischee, das üblicherweise an Gespensterburgen haftete, wurde auf Glamis breitgetreten. Wenn es nach Lennox ging, sollten hier alle mit einem Beil im gespaltenen Schädel herumlaufen, mit rostigen Ketten rasseln und gespenstische Laute von sich geben.

Besonders ein Blick in Sallys Souvenirshop machte deutlich, dass hier der Kitsch schaurige Blüten trieb. Tim blickte sich in der Runde um. Sally machte mit ihrer weißen Schürze und dem Spitzenhäubchen auch keinen besonders glücklichen Eindruck. Dann meinte er verzagt:

„Es genügt doch, wenn wir tagsüber in dieser Maskerade herumlaufen. Können wir uns nicht wenigstens in unserer Freizeit wie normale Menschen verhalten? Ich komme mir seit zehn Tagen vor wie auf einer Faschingsparty."

Augenblicklich herrschte eisiges Schweigen. Lennox hielt beim Kauen inne und schnappte nach Luft. Er blickte den vorlauten Fragesteller an, als hätte er soeben einen Moorhuhnknochen verschluckt. Sally warf Tim einen besorgten Blick zu. Dann verzog Lennox den Mund zu einem säuerlichen Lächeln:

„Tim, ich kann verstehen, dass du eine Weile brauchst, um dich an alles zu gewöhnen. Erinnere dich, was ich bei unserem ersten Gespräch gesagt habe!"

Dann folgte ein ewig langer Vortrag über das Berufsethos der Glamis-Bediensteten. Er könne seine Rolle als Schlossführer nur glaubhaft spielen, wenn er sie „verinnerlicht" habe, meinte Lennox zu Tim. Zwischen seine Person und dem Castle-Guide Tim Fraser dürfe kein Blatt Papier passen.

Die beiden Personen müssten ineinander verschmelzen, eins werden.

Verinnerlichen, dachte Tim, so ein Quatsch! Er hatte nicht den Ehrgeiz, es mit dem Hexer aufzunehmen und ebenso verrückt zu werden. Er wollte hier seinen Job verrichten und Geld verdienen.

„Wir besitzen mit Lady Glamis und König Duncan zwei berühmte, einträgliche historische Persönlichkeiten", dozierte Lennox. „Das Haarmonster Archibald ist ein Glücksfall für unser Castle, um das uns jedes andere Schloss beneidet."

An dieser Stelle kam ihm der Hexer zu Hilfe. In erregtem Tonfall pflichtete er dem Verwalter bei. Alle achteten darauf, dass er dabei nicht in ihre Teller spuckte:

„Die wenigsten Besucher interessieren sich für die Kunstschätze, sie wollen mit schaurigen Geschichten unterhalten werden. Ohne Einnahmen aus dem Tourismus wäre Glamis heute eine vergessene Ruine!"

Das Schloss war von November bis März geschlossen. In diesem Zeitraum wurde der prachtvolle Speisesaal für Familienfeiern, Dinner und Cocktail-Partys vermietet. Der Graf vertrieb das ganze Jahr über das mit dem Abbild des Schlosses geschmückte Mineralwasser ‚Strathmore'.

Auf Glamis Castle verwies man mit Stolz darauf, seit Jahrhunderten Stammsitz der englischen Königsfamilie zu sein; die Königinmutter hatte hier ihre Kindheit verbracht. Der schottische Tourismusverband hatte Glamis Castle als wichtige Attraktion in die „Grand Tour of Scotland" aufgenommen. Glamis stand außerdem unter der Schirmherrschaft des „National Trust of Scotland".

Als das Dessert serviert wurde, hielt der Verwalter gerade einen Vortrag, wie er die Besucherfrequenz in diesem

Sommer steigern wollte. Tim hörte kaum zu, seine Gedanken waren bei Sally. Während Lennox, vom dichten Qualm seiner Zigarren umwölkt, redete und redete, beobachtete er sie unablässig aus den Augenwinkeln.

Es gab doch hier niemanden, der ihm Konkurrenz machen könnte. Die alten Männer um Lennox kamen nicht in Frage, lediglich John war in seinem Alter. Doch der biedere grobschlächtige Gärtner war sicher nicht Sallys Typ.

Sally erschien Tim geheimnisvoll – wie vieles auf diesem rätselhaften Schloss.

Kapitel 3

„Mister Hexmer, bei der 10-Uhr-Führung ist etwas Merk-würdiges passiert: Eine Dame ist in Ohnmacht gefallen."

„Tatsächlich?"

Aufgeregt berichtete Tim von diesem dramatischen Zwischenfall. Glücklicherweise befanden sich in der Gruppe gleich sieben Ärzte aus der Schweiz, die in Edinburgh an einem Kardiologen-Kongress teilgenommen hatten. Schon nach wenigen Augenblicken hatte die Dame aus Kanada die Augen wieder aufgeschlagen. Das nervöse Zucken im Gesicht des Hexers verriet Tim, dass ihn die Sache bewegte.

„Wo ist es geschehen? Wo hat sie das Bewusstsein verloren?"

„In König Malcolms Sterbezimmer."

„Wo ist sie genau gestanden? Versuche dich zu erinnern, es ist wichtig!"

Tim versuchte sich die dramatischen Augenblicke im Sterbezimmer in Erinnerung zu rufen. Er stand direkt neben der mannshohen, reich verzierten Holztruhe. Die Gruppe hatte an der Wand mit der chinesischen Wappenporzellansammlung Aufstellung genommen. Die Dame stand etwas abseits beim holländischen Kaminsims aus Eichenholz.

„Nun, unmittelbar vor dem Kamin, soweit ich mich erinnern kann."

Das Gesicht des Hexers war mit einem Schlag aschfahl geworden.

„Ich hätte es dir sagen müssen", stammelte er. „Verdammt, ich hätte es dir sagen müssen!"

Gerade war der Bus mit den Touristen abgefahren. Der Hexer und Tim hatten vor dem Schloss für die Reisegruppe aus Holland für Erinnerungsbilder posieren müssen. Nun waren sie allein, der Hexer blickte sich vorsichtig um und begann:

„Vor fünfzig Jahren waren im Schloss einige Umbauarbeiten notwendig geworden. Man hat im Sterbezimmer vor dem Kamin einige Bretter entfernen müssen und dabei einen Hohlraum entdeckt. Dabei stieß man auf Gebeine, Röhrenknochen, Kieferknochen, Teile eines gut erhaltenen Skeletts. Es hatte übernatürliche Ausmaße, war aber ohne Zweifel einem Menschen zuzuordnen. Einzelne Knochen wiesen merkwürdige Deformationen auf. Wie bei einem Krüppel. Kein Zweifel, es musste sich um die Gebeine von Archibald handeln."

Tim hörte gebannt zu. Erstmals war er davon überzeugt, dass Archibald wirklich existiert hatte.

„Was ist mit den Gebeinen geschehen?"

„Der Graf hat befohlen, sie wegzuschaffen. Doch niemand von der Dienerschaft wagte es, die Gebeine anzurühren. Schließlich fand sich doch ein Hausdiener bereit und vergrub das Skelett an einem geheimen Ort."

Der Hexer atmete schwer, Tim ahnte, dass die Geschichte noch ein unheimliches Ende nehmen würde und er sollte Recht behalten: Eine Woche später verstarb dieser Diener bei der Moorhuhnjagd durch die verirrte Kugel eines Jagdgastes. Der Graf wurde kurz darauf Opfer eines Reitunfalls und brach sich das Genick.

Archibalds Knochen waren in ungelöschtem Kalk bestattet worden, denn man glaubte, auf diese Weise werde der Geist eines Verstorbenen daran gehindert, die Lebenden heimzusuchen.

„Es hat nichts geholfen", stammelte der Hexer. „Archibald geistert seither ruhelos durchs Schloss, immer wieder werden seine Kräfte frei."

Der Hexer fixierte Tim mit einem mahnenden und durchdringenden Blick:

„Der Graf wünscht nicht, dass diese Geschichte bei Führungen erzählt wird. Es gibt nur ganz wenige Personen, die sie kennen. Sie ist zu schaurig, zu unheimlich. Es ändert aber nichts daran, dass es die reine Wahrheit ist."

Der Kamin im Sterbezimmer sei schon vielen Touristen zum Verhängnis geworden, erzählte der Hexer. In harmloseren Fällen berichteten sie von plötzlich kalt gewordenen und steifen Armen, andere standen für Sekunden wie angewurzelt, festgehalten von einer geheimnisvollen Kraft. Diese Erscheinungsbilder gingen zumeist mit Ohnmachtsanfällen und oft extremen Halluzinationen einher.

„Du musst die Leute in Zukunft vom Kamin fern halten", mahnte der Hexer. „Sie sollen an der gegenüberliegenden Wand Aufstellung nehmen."

Die Gelegenheit ist günstig, dachte Tim. Wer weiß, wann der Hexer wieder bereit war, Geheimnisse des Schlosses preiszugeben. Sofort fragte er ihn nach dem Schatz des Grafen und nach dem Secret Chamber. Der Hexer schien sich auf seine Frage hin zu bekreuzigen und ein erschrockener Ausdruck trat in sein Gesicht:

„Schlag dir diese Sache aus dem Kopf!", mahnte er mit bebender Stimme.

Immer wieder habe Glamis Abenteurer angelockt, die den sagenhaften Schatz zu finden hofften, den die Grafen von Strathmore und Kinghorne besessen hatten. Viele hätten ihre Gier nach Schmuck und Perlen mit dem Leben bezahlt, erzählte er.

„Du wirst auf Schloss Glamis auch keine Bücher oder Skizzen finden, die einen Hinweis auf das Secret Chamber geben. Da haben sich schon andere vor dir bemüht. Der 15. Graf hat es verstanden, diese verräterischen Papiere zu vernichten oder zu verstecken."

„Ich dachte, das Secret Chamber befindet sich in der Gruft", warf Tim ein. „Dort müsste es ja leicht zu finden sein."

Die Antwort des Hexers überraschte ihn sichtlich:

„Das erzählen wir bloß den Touristen. In Wahrheit befindet sich das Secret Chamber irgendwo im Ostflügel. Es ist doch klar, dass man ein Monster nicht zwischen Speisezimmer und Salon versteckt."

Der Duft der Mimosen war betörend; Tim bewunderte mit Sally die Vielfalt der Rhododendren und Azaleen. Vor über 100 Jahren hatte der 13. Graf den Holländischen Garten angelegt. Gärtner John McAllister war ein Meister seines Faches. Die Anlage galt als eine der schönsten Schaugärten Schottlands. Tim zeigte zum Ostflügel des Castles und meinte zu Sally:

„Seitdem ich hier bin, lässt mich der Gedanke nicht los, dass hier irgendwo ein Schatz verborgen ist."

„Du bist wahrscheinlich nicht der Erste, der das Geheimnis lösen will."

„Vielleicht haben die anderen einen entscheidenden Punkt nicht beachtet", meinte Tim geheimnisvoll und blickte Sally tief in die Augen. „Du musst mir versprechen, dass du niemandem davon erzählst."

„Ich schweige wie ein Grab", antwortete Sally mit todernster Miene.

„Es gibt einen Zusammenhang zwischen dem Haarmonster und dem Familienschatz des Grafen", begann Tim und blickte zu den wuchtigen Schlossmauern. „Archibald starb im Jahre 1913, ein Jahr später begann der Erste Weltkrieg, die Familie des Grafen suchte nach einem Versteck für den Familienschatz. Das Secret Chamber war nach dem Tod des Haarmonsters soeben frei geworden – ein ideales Versteck für einen Schatz."

„Klingt recht logisch", meinte Sally.

„Dieses zeitliche Zusammentreffen von Archibalds Tod und dem Beginn des Weltkrieges – hier liegt vielleicht der Schlüssel zur Lösung des Rätsels. Wenn ich erst das Secret Chamber entdecke, habe ich auch den Schatz gefunden."

„Wenn man dich so reden hört, könnte man glauben, du hast ihn schon in der Tasche."

Tim grinste.

„Nicht ganz. Aber fast!"

Sally blickte auf die Uhr, sie musste den Souvenirshop aufsperren. Tims erste Führung begann erst um neun; er beschloss, dem geheimnisvollen Ostflügel einen Besuch abzustatten und betrat den Kiesweg zum Italienischen Garten. Die Blumenbeete waren hier von Eibenhecken umrandet, gelbe und rote Rosen sowie Löwenmaul sorgten für Farben. Im Zentrum der Anlage befand sich ein Springbrunnen mit Delphin und spielendem Knaben. Kleine Gartenlauben bildeten den idyllischen Hintergrund.

Tims Blicke schweiften über die Fassade des lang gestreckten Ostflügels. Kein Tourist bekam diesen stark verwitterten Sandsteinbau zu sehen, er war für Besucher nicht attraktiv genug. Und doch ging von diesem versteckten Schlossteil mit seiner unwiderstehlichen Romantik ein ganz eigener Zauber aus.

Der Gebäudetrakt stand seit vielen Jahren leer; er wurde nicht mehr benötigt. Seit dreißig Jahren kämpfte die Grafenfamilie gegen den Verfall des Ostflügels an. Immer wieder kam an verschiedenen Stellen des Gebäudes der gefürchtete Hausschwamm zum Vorschein. Der zerstörerische Pilz fraß sich mit seinem Fadengeflecht in Holz und Mauerwerk. Alles befallene Holz, Fußböden und Fenster hatten entfernt werden müssen. Kaum war der Dachstuhl ersetzt worden, wütete eine Feuersbrunst und raffte ihn erneut hinweg.

Es ist, als ob ein Fluch über diesem Flügel hängt, hatte der Hexer Tim erklärt. Sie haben mit Archibald das Grauen eingemauert und seither wohnt es in diesen dicken Mauern und ist nicht mehr zu entfernen.

In der Blütezeit von Glamis sorgten 46 Angestellte dafür, dass alles reibungslos funktionierte. Hier waren ihre Dienstbotenzimmer. Tim starrte auf die Mauern, die seit 500 Jahren Wind und Wetter getrotzt hatten und nun langsam zu verfallen schienen. Der Grafenfamilie fehlte das Geld, um den Kampf erfolgreich fortzusetzen.

Tim hatte plötzlich das Gefühl, beobachtet zu werden. Langsam wandte er sich um, konnte aber niemanden ausmachen. Doch das Unbehagen wich nicht. Er betrachtete die endlos langen Fensterreihen, zwischen denen sich Efeu emporrankte. Die Fenster waren klein, manche vergittert und zugewuchert. Sie erinnerten an Schießscharten.

Hier also musste das Secret Chamber sein. Es war sehr schwierig, diese Fenster zu zählen. Es mussten mindestens neunzig sein, die sich über drei Stockwerke verteilten. In jeder Reihe irrte er sich beim Zählen und musste wieder von vorne beginnen. In diesem Wirrwarr an Fenstern gab es kein System, keine Ordnung, kaum einen Anhaltspunkt. Schon nach wenigen Minuten verschwamm alles vor Tims Augen und er wollte aufgeben.

Leider hatte er seinen Notizblock nicht bei sich. In der Innentasche seines Sakkos steckte jedoch das Touristbooklet, das er stets bei sich trug. Die freie Rückseite bot genügend Platz für eine Skizze. Tim machte sich mit Feuereifer an die Arbeit. Zunächst zog er möglichst gerade Linien, dann fertigte er ein Gitterraster an. Nach einer halben Stunde glaubte er, sämtliche Fenster registriert zu haben.

„Bist du etwa auch ein Künstler?"

Erschrocken fuhr Tim herum. Hinter ihm stand Stan Polanski, der Butler. Er war derart in seine Arbeit vertieft gewesen, dass er sein Näherkommen nicht bemerkt hatte. Mit der Verlegenheit eines ertappten Diebes ließ er die Skizze in seinem Sakko verschwinden.

„Es ist nur …", stammelte er verlegen. „Ich versuche mir nur die Zeit zu vertreiben."

„Diese langweilige Fassade hat ganz sicher noch nie jemand gemalt. Vielleicht wirst du damit berühmt."

Der Butler entfernte sich, sein dämliches Lachen war noch einige Zeit zu hören. Tim verglich seine Skizze nochmals mit dem lang gestreckten Bauwerk. Es musste irgendwie gelingen, in die Räume zu gelangen und die Fenster zu markieren. Sally konnte ohne Zweifel die Schlüssel zu den Zimmern besorgen.

Plötzlich fiel es ihm wie Schuppen von den Augen und er hätte vor Begeisterung fast einen Luftsprung vollführt. Das war sie, die Lösung!

Die Sache war so einfach, dass er sich wunderte, nicht schon viel früher darauf gekommen zu sein.

Er musste bloß ...

Sally! Wo war Sally? Mit ihrer Hilfe war das Rätsel innerhalb kürzester Zeit zu lösen!

Tim stürmte durch den Garten, vorbei an der riesigen barocken Sonnenuhr, vorbei an der Statue des Götterboten Merkur. John, der gerade Blumen goss, blickte ihm verwundert nach. Sally war jetzt im Souvenirshop. Eine Führung mit dem Hexer war soeben zu Ende gegangen. Sally saß gerade an der Kasse, vor ihr eine lange Warteschlange, als Tim den Laden betrat und rief:

„Sally, ich brauche dringend Handtücher!"

Sally erschrak sichtlich, wurde richtig rot und nahm Tim zur Seite:

„Muss das gerade jetzt sein? Du hast doch erst welche von mir bekommen."

„Diesmal brauche ich aber mehr."

„Wie viele?"

„Es müssen genau 92 sein."

„Wozu brauchst du … Möchtest du etwa eine Badeanstalt eröffnen?"

Die Touristen in der Warteschlange wurden ungeduldig.

„Erklär ich dir später!"

Kapitel

„Sie werden mich hinauswerfen!"

Tim wusste nicht, wie oft Sally diesen Satz bereits wiederholt hatte. Ihre Ängste waren nicht unbegründet. Zunächst hatte Tim sie überreden können, sämtliche Schlüssel des Ostflügels zu besorgen. Um die gewaltige Menge Handtücher aufzutreiben, hatte Sally sogar die Wäschekammer der Grafenfamilie geplündert.

Der schwierigste Teil der Mission hatte darin bestanden, die Handtuchstöße ohne Aufsehen in den abgelegenen Gebäudeteil zu bringen. Tim hatte einen günstigen Zeitpunkt gewählt: Unmittelbar nach dem Frühstück wurde für den Ghost Walk geprobt. Heute wurde eine Szene einstudiert, in der Sally keinen Auftritt hatte, und er war von der Gruselshow ohnehin befreit. Das „Unternehmen Handtuch" konnte beginnen.

Die Gästezimmer und ehemaligen Räume der Dienerschaft waren seit Jahrzehnten nicht mehr benützt worden. Die Türen ließen sich oft nur mühsam öffnen, in jedem Zimmer raubte ihnen die schlechte Luft den Atem. Alles war mit Staub und Spinnweben bedeckt. Ungeziefer hatte sich über Wände und Decken ausgebreitet.

Tim und Sally kamen gut voran, nach kaum einer halben Stunde hatten sie die Räume im 1. Stockwerk markiert. In jedem Fenster befestigten sie ein Handtuch, dessen eine Hälfte über das Fensterbrett ins Freie hing. Keuchend kletterten sie die Stufen in den 2. Stock hoch.

„Ein Hirngespinst, du jagst einem Hirngespinst nach!", stöhnte Sally unter der Last der Handtücher. Sie konnte schwer verstehen, wie sie sich von Tim zu dieser wahnwitzigen Aktion überreden hatte lassen. Tim ließ sich nicht beirren. Schon hing Handtuch Nummer 32 aus einem Fenster im 2. Stock. Es waren bloß noch 60 zu verteilen, Sally würde sicher nicht schlappmachen.

Knarrend öffnete sich die nächste Tür. Einige Zimmer auf diesem Stockwerk hatten hübsche stuckverzierte Gewölbedecken. Wie mochte es der Dienerschaft in den vergangenen Jahrhunderten hier ergangen sein?, fuhr es Tim durch den Kopf. Er fragte sich, wie diese Menschen wohl gedacht, gelebt und gefühlt hatten. Jeder einzelne Mauerstein, jeder Fußbreit Boden könnte davon erzählen.

Der gefürchtete Hausschwamm hatte sich in diesen feuchten, muffigen Räumen ideal ausbreiten können. An einigen verbliebenen Holzteilen erkannten Tim und Sally den zersetzenden watteähnlichen Überzug mit den typischen gelben Verfärbungen.

Als sie in den 3. Stock kletterten, spürte Tim eine Unruhe,

die bald in erregte Spannung überging. Sally hielt bloß noch 15 Handtücher mit beiden Händen umfasst, auch sein Stoß war gewaltig geschrumpft. Er hatte keine Augen für die prachtvolle Aussicht, die sich von hier aus auf die Grafschaft Angus bot. In der Mitte des Ganges zählte Tim mit klopfendem Herzen die verbleibenden Zimmer.

Es waren noch genau zehn. Er hielt fünf Handtücher unter dem Arm, bei Sally waren es – vier!

„Ein Handtuch bleibt übrig!", schrie Tim mit sich überschlagender Stimme. „Das bedeutet, dass wir zu einem Zimmer keinen Zugang hatten. Es gibt ein Zimmer ohne Tür. Vier Mauerwände und ein kleines Fenster, sonst nichts."

„Das … das Secret Chamber?", stotterte Sally.

Rasch wurden die letzten Fenster markiert. Nach dem letzten Zimmer band Tim das verbliebene Handtuch übermütig Sally um den Hals, nahm sie bei der Hand und stürmte mit ihr ins Freie.

Die vielen Handtücher belebten die verwitterte Fassade ungemein. Wie elektrisiert wanderten Tims Blicke die endlosen Fensterreihen entlang. Einige Handtücher bewegten sich leicht im aufkommenden Wind. Schon glaubte er an einen Misserfolg seiner Aktion, als Sally plötzlich zu kreischen begann:

„Dort … dort!"

Sie zeigte zu einem Fenster im 2. Stock. Es war zum Teil mit Efeu überwuchert, der Abstand zu den benachbarten Fenstern war auffallend gering. Tim und Sally fielen sich in die Arme und vollführten einen Freudentanz. Geschafft! Sie waren der Lösung des Rätsels einen großen Schritt näher gekommen.

Tim blickte auf die Uhr. Noch eine Stunde bis zur ersten Führung. Bis dahin waren die Handtücher wieder eingesammelt. Er griff zu seiner Planskizze und kennzeichnete das geheimnisvolle Fenster. Übermütig ergänzte er das Wort „Schatz".

„Junger Mann, Sie haben das ganz ausgezeichnet gemacht!"

„Danke, Sir!"

Tim freute sich über jedes Kompliment am Ende einer Führung. Wenn dann auch noch eine Pfundnote ihren Besitzer wechselte, war die Freude schier grenzenlos.

„Ich bin Kommissar Tucker aus Dundee", stellte sich der große breitschultrige Mann mit dem gepflegten Schnurrbart vor. „Sie müssen wissen, dass ich dieses Schloss sehr genau kenne. Mein Vater war hier Butler. Heute wollte ich meinem Neffen Arthur Glamis zeigen."

Ein dicklicher, sommersprossiger Junge mit roten Haaren blickte fasziniert zu Tim auf.

„Glauben Sie, dass hier irgendwo ein Schatz versteckt liegt, Sir? Ist das mit dem Haarmonster wirklich wahr?"

„Klar, ich erzähl ja keine Schauermärchen", lachte Tim und versetzte dem Jungen einen freundschaftlichen Klaps.

„Eigentlich wollten wir ja vom Hexer geführt werden", erklärte Mister Tucker, „doch der war bereits ausgebucht. Gratulation, Sie machen ihm gehörig Konkurrenz!"

Plötzlich tauchte Jonathan am Ende des Gangs auf und eilte auf den Kommissar zu.

„He, Mister Tucker, schön, Sie wieder einmal auf Glamis zu sehen!"

Der Koch begrüßte ihn mit auffallender Herzlichkeit.

„Wir haben nach der letzten Führung unsere Teestunde.

Sie sind doch sicher unser Gast."

Wenig später ging es in der Küche hoch her. Es war ein Wiedersehen von alten Bekannten. Der Whisky floss in Strömen, die Gläser klirrten.

Der Kommissar war mit dem Grafen von Strathmore und Kinghorne befreundet, die beiden kannten sich seit frühester Jugend. Mit den Bediensteten rund um Verwalter Lennox verband ihn ein herzliches Verhältnis. Erinnerungen wurden ausgetauscht, Anekdoten erzählt. Die Sommer auf Glamis gehörten zu den schönsten Kindheitserinnerungen des Kommissars.

Verwalter Lennox sang ein altes schottisches Volkslied, Tim begleitete ihn auf der Gitarre; der Kommissar war zu Tränen gerührt. Bedächtig, in kleinen regelmäßigen Schlucken trank er seinen Whisky. Als sein Sakko etwas zur Seite rutschte, konnte Tim einen Pistolenknauf im Schulterhalfter erkennen.

Anschließend gab es Sonderapplaus, als Tim einige rockige Eigenkompositionen zum Besten gab. Jonathan schickte Sally in die Vorratskammer um drei Flaschen Bell's, der bevorzugten Whiskymarke des Kommissars. Lang und breit gab er Tim eine Einführung in die hohe Kunst der Whiskybrennerei und erklärte, wie der unverkennbare Geschmack des Scotch Whisky zustande kam: Er reifte über mindestens acht Jahre hinweg in luftdurchlässigen eichenen Fässern heran, die ihm im Laufe der Zeit seine Farbe gaben.

Lennox erzählte von der Reisegruppe, die unmittelbar vor dem Schlossbesuch eine nahe Whiskydestillerie besucht hatte. Die Leute seien ziemlich betrunken durchs Schloss getorkelt und hatten sich an den Eingängen die Köpfe blutig geschlagen.

Butler Stan spielte zum Abschluss aus vollen Backen einige

Highland-Melodien auf dem Dudelsack. Tim wurde schmerzhaft bewusst, warum ein englischer Feldherr den Bagpipe nicht als Musikinstrument, sondern als Kriegsgerät, das ganze Armeen in die Flucht schlagen kann, eingestuft hatte. Der widerliche Butler ergab in Verbindung mit dem ohrenbetäubenden Quetschsack eine unerträgliche Kombination.

Der Hexer hatte das fröhliche Treiben amüsiert verfolgt. Nun verwickelte er den Kommissar in eine Diskussion über sein Lieblingsthema Archibald. Durch den Nebel, der sich nach etlichen Gläsern Whisky um sein Bewusstsein gehüllt hatte, hörte Tim ein okkultes Gefasel vom Fortleben der Toten und einer ständigen Gegenwart der Toten um uns und in uns.

Der Kommissar lud Tim ein, ihn am Ende der Saison in seinem Haus in Dundee zu besuchen. Dort würde ihm sein Neffe im Hafen die berühmte Discovery zeigen, das Expeditionsschiff des Südpolarforschers Robert F. Scott. Er brauche ihn bloß vorher anzurufen.

Neffe Arthur nickte begeistert; Tim notierte die Nummer auf dem Umschlagblatt seines Touristbooklet. Ziemlich benebelt verließ er die Küche und war froh, als er in seinem Zimmer angelangt war. Obwohl er nun bereits zwei Wochen im Schloss wohnte, hatte er größte Probleme, den richtigen Weg zu finden.

Sally servierte Lammsuppe, geräucherten Schellfisch und pochierten Lachs mit gerösteten Brotstücken. Jonathan hatte wieder einmal seine Kochkünste bewiesen. Trotz des erlesenen Mahles wollte keine rechte Stimmung aufkommen.

Jeder schien in Gedanken versunken zu sein. John kratzte an der Etikette einer Weinflasche, der Hexer starrte auf einen imaginären Punkt an der Decke.

Tim stocherte lustlos in seinem Essen herum. Seine Niedergeschlagenheit hatte gute Gründe: Das Booklet mit seiner Zeichnung war spurlos verschwunden! Er hatte die Telefonnummer des Kommissars auf dem Umschlag notiert und den Schlossführer liegen lassen. Der verdammte Whisky!

Als er den Verlust bemerkt hatte, war er sofort in die Küche gestürmt, doch der Tisch war leer. Jonathan hatte sich nicht an ein Booklet mit einer Telefonnummer auf dem Titelblatt erinnern können.

Dieser Verlust wäre weiters nicht schlimm gewesen, denn er hatte aus dem Gedächtnis eine zweite Skizze angefertigt. Doch nun gab es einen Mitwisser! Einer aus dieser Runde besaß seine Schatzkarte, wusste von dem möglichen Versteck. Seine Blicke schweiften über die Gesichter:

Stan Polanski! Ohne Zweifel würde er sich sofort auf den Weg machen und den Ostflügel auf den Kopf stellen. Aber auch jeder andere in dieser Runde konnte Nutznießer seiner Entdeckung sein.

Zum Beispiel Jonathan, der nach der Feier den Tisch abgeräumt hatte und dem dabei das Booklet in die Hände gefallen sein musste.

Es gab nur eine Lösung: Er musste dieser Person zuvorkommen, durfte keine Zeit verlieren. Gleich nach dem Abendessen wollte er sich auf den Weg machen.

„Ich muss daran erinnern, dass in den nächsten Wochen die Schuhe der Grafenfamilie geputzt werden sollten", hörte Tim plötzlich den Butler sagen. „Ich schlage vor, Tim übernimmt diese Aufgabe."

Die Worte trafen ihn wie ein Keulenschlag. Verwirrt blickte er in die Runde.

„Schuhe?", stotterte er. „Wie viele sollen das sein?"

Tim schauderte es bei dem Gedanken, dass man ihm zusätzliche Arbeiten aufbürden wollte. In den letzten Tagen hatte er mit Putztinktur und Polierlappen alte Leuchter, Tabletts und Zierfiguren auf Hochglanz bringen müssen. Das Zeug beschlug bei schlechtem Wetter so schnell, dass er mit der Arbeit kaum nachkam. Der Gestank des Lösungsmittels haftete an seinen Fingern und war nicht wegzubekommen.

„Es werden etwa fünfzig Paar Salonschuhe, Jagdstiefel, Damen- und Kinderschuhe sein. Bis zur Rückkehr des Grafen muss das erledigt sein."

Diese Unverschämtheit konnte Tim nicht auf sich sitzen lassen. Wenn er sich jetzt nicht wehrte, war er diesem Butler auf ewig ausgeliefert.

„Das kommt überhaupt nicht in Frage!", sagte er entschlossen und bemühte sich, seiner Stimme Festigkeit zu verleihen. „Ich bin hier als Guide und nicht als Schuhputzer engagiert. Sie haben mir hier überhaupt nichts aufzutragen, Mister Polanski!"

„Tim hat Recht", kam ihm John zu Hilfe. „Schuheputzen ist eine Arbeit der Dienerschaft."

„Halt' dich da raus, du Gartenzwerg!", herrschte ihn Polanski an.

Augenblicklich machte sich Zornesröte im Gesicht des Gärtners breit. Die Sache geriet in Sekundenschnelle außer Kontrolle. Verwalter Lennox wollte soeben eingreifen, als John nach einem Teller griff und ihn in Richtung Polanski warf.

„Ich schlag dir den Schädel ein!", zischte der Butler, den das Wurfgeschoss nur knapp verfehlte. Die mit lautem

Geklirre zerschellte fliegende Untertasse wäre auch so weit ohne Folgen geblieben, wenn sich darauf nicht Reste einer Sauce befunden hätten. Polanski hatte einige hässliche Spritzer abbekommen. Ganz langsam zog er aus der inneren Brusttasche ein riesiges weißes Taschentuch und tupfte über sein blütenweißes Rüschenhemd.

Basses Erstaunen machte sich über der Runde breit. Keiner konnte es fassen, dass der kleine John es gewagt hatte, den großkotzigen Diener zu attackieren.

„Gentlemen", meinte Lennox erschüttert. „Wie kann man sich so vergessen?"

Tim grinste schadenfroh in Richtung Sally, die ein Kichern nur mühsam unterdrücken konnte. Jetzt machte dieses Abendessen erst richtig Spaß!

Jonathan servierte das Dessert. Es gab Dundee Cake und Shortbread, die klassische schottische Delikatesse. Der schwere, süße Kuchen enthielt Gewürze und getrocknetes Obst sowie Mandeln.

Lennox bemühte sich, das angespannte Klima zu entschärfen und eröffnete eine Diskussion über die soeben begonnene schottische Fußballmeisterschaft in der Premier League. Er selber war Anhänger der Glasgow Rangers, der Rest hielt dem FC Dundee United die Daumen.

Jonathan hatte nicht mit Schokosauce gespart. Tim überlegte, dass es der krönende Abschluss dieses Mahles sein würde, wenn es jemand wagte, den Butler in Schokosauce zu tunken. Bei diesem Gedanken lachte er plötzlich hell auf.

Der Butler beobachtete ihn hasserfüllt mit zusammengekniffenen Augen. Er zündete sich mit fahrigen Bewegungen eine Zigarette an. In seiner Stimme klangen Empörung und Verachtung, als er sagte:

„Mit euch Studenten haben wir hier noch nie gute Erfahrungen gemacht. Ich brauche nur an Jimmy Clifford zu denken!"

Von einer Sekunde auf die andere senkte sich Totenstille über die Runde. Lennox warf Polanski einen drohenden Blick zu. Tim wusste sofort, dass der Butler an eine geheime Sache gerührt hatte.

„Wer ist Jimmy Clifford?", fragte er.

„Ach, das ist jetzt schon wieder ein paar Jahre her", erklärte der Verwalter und gab sich bemüht gleichgültig. „Ein junger Mann aus Liverpool, ein Student. Er ist durch die Fensterscheibe gekracht und zu Tode gestürzt. Ein Unfall."

„War Jimmy hier Gast?", fragte Tim.

„Er war Aushilfsführer – wie du."

„Hat er zufällig im Turmzimmer gewohnt?", setzte Tim nach.

Das allgemeine Schweigen bestätigte ihm, dass er mit seiner Vermutung richtig lag.

„Er hat seine Nase in Dinge gesteckt, die ihn nichts angingen", meinte Lennox nun ziemlich erregt. „Einige Zeitungen haben von Selbstmord geschrieben, es war jedoch mit Sicherheit ein bedauerlicher Unfall. Die Polizei hat tagelang ermittelt."

„Jimmy war zu sensibel, zu ängstlich. Solche Leute gehen hier unter", sagte der Hexer.

„Glamis ist nichts für schwache Nerven", ergänzte Polanski mit einem breiten Grinsen.

Tim wollte etwas antworten, doch da saß auf einmal ein dicker Kloß in seinem Hals, an dem er beinahe zu ersticken glaubte. Gedankenverloren blickte er aus dem Fenster. Das also war das Geheimnis des Turmzimmers! Er war jedoch davon überzeugt, dass man ihm nicht die ganze Wahrheit gesagt hatte.

Plötzlich ertönte ein Brausen, eine Sturmböe ließ die Fenster erzittern. Der Himmel hatte sich verdüstert und erste Regentropfen klatschten gegen die Scheiben. Dumpfes Grollen kündigte ein Gewitter an. Als ein ferner Blitz aufzuckte, verstummten die Gespräche augenblicklich. Sturm und Regen wurden rasch stärker, niemand schien sich mehr für Kaffee und Nachspeise zu interessieren.

Dann spaltete ein greller Blitz sekundenlang den Himmel, riss alles in sein glühendes Licht, der Donner krachte. Tim bemerkte, wie es im Gesicht des Hexers wild zu zucken begann, es schien, als ob er irgendwelche Beschwörungsformeln murmeln würde. Der Sturm tobte nun mit dämonischer Wut gegen die wuchtigen Schlossmauern. Verwalter Lennox stand auf und trat ans Fenster:

„Keine Angst, im Schloss schlagen immer wieder Blitze ein. Glamis ist durch mindestens zehn Blitzableiter gesichert."

Diese Tatsache konnte Tim nur für wenige Augenblicke beruhigen. Die Blitze zuckten in immer schnellerer Folge über den Himmel und tauchten die Türme in makabres Licht. Das schwere Rollen des Donners brach sich an den Berghängen in der Umgebung, wurde verstärkt und ließ die dicken Mauern des Castles erzittern.

Alle hatten sich inzwischen zum Fenster begeben und beobachteten dieses Schauspiel. Bloß der Butler blieb sitzen und löffelte seelenruhig die Süßspeise in sich hinein. Die Atmosphäre wurde immer unheimlicher, Unheil lag fast greifbar in der Luft. Tim sah aus den Augenwinkeln, wie sich Sally eng an John schmiegte. Diese Tatsache rührte ihn mehr als der folgende wuchtige Donnerschlag.

„So ein schweres Unwetter habe ich hier noch nie erlebt", meinte Jonathan und blickte traurig auf das stehen gelassene Dessert.

Tim sah im Aufleuchten der Blitze den Verlauf der Allee. Alle wandten sich zum Gehen. Fast hatte es den Anschein, als suchte jeder sein Heil in der Flucht. Tim hastete neben Sally die Treppen hoch. Sally stieß nach jedem neuen Blitz einen kurzen spitzen Schrei aus. Tim wusste, dass er das Ende dieses unheimlichen Gewitters keinesfalls in seinem Turmzimmer, das ihm am meisten gefährdet schien, abwarten wollte.

Plötzlich flammte ein ungewöhnlich heller Blitz durch die großen Fenster im Korridor. Fast augenblicklich folgte ihm ein schmetternder Donnerschlag, der Tim zu Boden taumeln ließ. Glamis Castle schien in diesem Moment in Flammen zu stehen. Dieser Blitz hatte das Schloss voll getroffen, daran konnte es keinen Zweifel geben.

Tim flüchtete in den zweiten Stock; Sally war verschwunden. Am Ende des Ganges kam er am Zimmer des Hexers vorbei. Die Tür stand offen, Licht fiel auf den Korridor. Völlig unbemerkt von den anderen hatte sich der Hexer gleich nach Ausbruch des Gewitters in sein Zimmer zurückgezogen. Nun stand er, in eine weiße Soutane gehüllt, am Fenster und beobachtete fasziniert die wild zuckenden Blitze.

„Elemente der Erde!", schrie er plötzlich und schob den Tisch, auf dem er einen kleinen Altar errichtet hatte, zum Fenster.

„Elemente der Luft, des Feuers, der Wasser!"

Tim beobachtete gebannt, wie er ein Holzmesser in einen Holzbecher stieß und darin heftig zu rühren begann. Dann zeichnete er mit Asche ein Pentagramm auf einen großen Stein, der den Mittelpunkt des Altars bildete.

„Kreatur Archibald, du bist gesegnet!", brüllte er in den Donner und hob die Arme.

„Die weißen Hexen mögen dir Kraft und Leben verleihen!"

Bei diesen Worten jagten kalte Schauer durch Tims Körper. Nur weg von hier! Auf dem Treppenabsatz zum fünften Stock kauerte er sich nieder. Hier wollte er das Ende des Gewitters abwarten. Er musste seine geplante Erkundungstour verschieben. Fast schien es Tim, als wollten geheime Mächte verhindern, dass er zu seinem nächtlichen Streifzug in den Ostflügel aufbrach.

Tim betrachtete zwei überkreuzte Highlandschwerter an der Wand. Die Furcht einflößenden Zweihänder stammten aus der Zeit des schottischen Nationalhelden William Wallace. „Braveheart" mit Mel Gibson im Kampf gegen die verhassten Engländer zählte zu seinen Lieblingsfilmen. Unter den Schwertern befand sich ein bronzener Löwenkopf. Der Glamis-Löwe, in jedem Raum des Schlosses vertreten, war das Wappentier der Grafen von Strathmore und Kinghorne.

Plötzlich gingen ihm die Worte des Hexers durch den Kopf. War dieser Irre wirklich davon überzeugt, dass die weißen Hexen Archibald zum Leben erwecken konnten? Tim saß der Schreck nach diesem Zusammentreffen noch in den Gliedern. Dann entlud sich seine innere Spannung in einem befreienden und zugleich hysterischen Lachen. Wenn Archibald schon unbedingt hier herumgeistern sollte, dann bitte nicht ausgerechnet dann, wenn er im Ostflügel unterwegs war.

Archibald würde sich auch gegen die ständige Ausbeutung durch den Tourismus zur Wehr setzen, hatte ihm der Hexer einmal erklärt.

Mister Hexmer verabscheute den Ghost Walk, da das Haarmonster in dieser szenischen Gruselshow nach seinem

Empfinden verhöhnt wurde. Vor rund dreißig Jahren sei sogar die zottelige Verkleidung Archibalds verschwunden. Ein bekannter Kostümbildner aus Edinburgh habe sie neu anfertigen müssen. Für den Hexer stand fest, dass das abhanden gekommene Kostüm damals von Archibald persönlich geklaut worden war.

Die Blitze waren nun nicht mehr so hell, und der Donner folgte erst Sekunden später nach. Tim zählte die Sekunden, bis er feststellte, dass sich das Gewitter allmählich verzog. Vielleicht sollte er doch noch in dieser Nacht aufbrechen. Morgen war Montag, es gab keine Arbeit mit Führungen, er konnte sich ausschlafen. Stan Polanski hatte vor dem Abendessen das Schild „Closed on Mondays" auf dem schmiedeeisernen Tor angebracht.

Unentschlossen betrachtete Tim ein riesiges Gemälde des 10. Grafen, dem die Gicht schwer zu schaffen gemacht hatte. Dann stieg er die Treppen zum Turmzimmer hoch.

Kapitel

Das Prasseln des Regens und das regelmäßige Schlagen der Kirchturmuhr hielten Tim wach. Mit geschlossenen Augen zählte er die schweren Schläge der Kirchenglocke des Dorfes Glamis. Tim erhob sich und starrte in die Finsternis, die lähmend über dem Schloss lag. Nach dem heftigen Gewitter fühlte er die Schwärze der Nacht mit doppelter Eindringlichkeit. Sie schien ihm geheimnisvoll, als ob ein drohendes Verhängnis jeden Augenblick hereinbrechen könne.

Doch Tim war nicht so leicht in Angst und Schrecken zu versetzen. Er war sogar immer von Dingen angezogen worden, die andere Menschen zum Fürchten fanden. Deutlich lief ihm ein prickelndes und zugleich belebendes Gefühl den Rücken hinunter.

Er konnte seine Erkundungstour nicht länger aufschieben, musste einem möglichen Konkurrenten zuvorkommen. Eine merkwürdige Kraft trieb ihn voran, ließ ihn nicht ruhen.

Es war, als sei er das Opfer eines Zaubers geworden. Das Secret Chamber, der Schatz des Grafen – sie umgab ein erregendes Geheimnis.

Durch Tims Körper verlief ein Ruck und er griff entschlossen zur Taschenlampe. Ein Vers aus Shakespeares Schauerdrama „Macbeth" ging ihm durch den Kopf: *„Sei ohne Furcht, Macbeth; kein Mensch, den eine Frau geboren, soll jemals Macht über dich haben."*

Ganz recht, kein Mensch konnte ihm Furcht einjagen, ihn beherrschen. Und die Monster waren auf Glamis längst ausgestorben.

Als er vorsichtig die Tür öffnete, fiel sein Blick auf den Baseballschläger, der neben dem Kasten lehnte. Er hatte ihn nicht angerührt, seit Stan Polanski ihm diesen Prügel für nächtliche Wege durchs Schloss empfohlen hatte. Einer plötzlichen Eingebung folgend, schnappte er den Holzschläger und verließ das Turmzimmer.

Als er im zweiten Stock angelangt war, suchte er den Gang, der zum geschwungenen Korridor führte. Dieser verband den mittleren Schlossteil mit dem Ostflügel. Der Lichtkegel seiner Taschenlampe bohrte sich in die Dunkelheit. Die mittelalterlichen Waffen an den Wänden wiesen ihm den Weg. Seine Schritte schienen doppelt so laut zu hallen wie sonst. Plötzlich blieb er stehen, knipste die Taschenlampe aus, verharrte hinter einer Säule. Er spürte auf einmal, dass er nicht mehr allein war, obwohl er nichts sah und hörte. Es war mehr eine Ahnung, ein Instinkt, der alles in ihm zur Abwehr erweckte.

Nachdem er eine doppelflügelige Tür hinter sich gelassen hatte, war er im Osttrakt angelangt. Der Gang im 2. Stock war so lang, dass das Licht seiner Taschenlampe nicht bis an sein Ende drang. Sofort begann er mit dem Zählen der Türen. Mit klopfendem Herzen war er beim elften Zimmer angelangt. Er war sich seiner Sache ganz gewiss: Zwischen diesen beiden Türen musste sich das Secret Chamber befinden. Tim leuchtete die Wände Meter für Meter ab, untersuchte die kühlen Mauersteine nach einem Geheimmechanismus. Er suchte nach offenen Fugen, ließ seine Hand über die kalten Wände gleiten, tastete jeden Quadratmeter ab. Die Wand bestand aus grobem, grauem Stein. Seinen zitternden Fingern entging nicht die kleinste Unebenheit, doch die Wand war absolut fugenlos.

War es nicht doch eine Tür weiter gewesen?

Dann suchte er den Boden Meter für Meter ab. Er war mit dunklen gerillten Steinplatten ausgelegt. Nichts.

Plötzlich hörte er Schritte!

Sofort knipste er die Taschenlampe aus und griff nach dem Schläger an der Wand. Er presste den Rücken gegen die kalte Steinmauer. Geduckt nahm er wahr, dass sich eine Gestalt am Ende des Ganges herumschlich, jetzt näher und näher kam. Direkt auf ihn zu.

Tim hielt den Atem an, sein Herz klopfte zum Zerspringen.

Dann ging alles rasend schnell. Als er mit dem Schläger ausholen wollte, streifte ein heißer, keuchender Atem sein Gesicht. Der Angreifer rammte den Kopf gegen seine Brust, Tim spürte ein zotteliges Fell an seinem Körper. Dann legten sich zwei scharfe Klauen um seinen Hals und drückten erbarmungslos zu.

Tim wehrte sich verzweifelt, versuchte vergeblich, die Hände von seinem Hals zu lösen. Er spürte, wie sich der Druck der Krallen verstärkte, merkte, wie ihm die Luft knapp wurde. Mit letzter Kraft trat er gegen das Schienbein des Angreifers. Ein wilder Schmerzenslaut hallte durch den Gang und kam als verzerrtes Echo zurück. Augenblicklich ließ der Druck an seinem Hals nach. Er konnte die Arme mit dem Baseballschläger wieder frei bewegen, holte weit aus, legte seine ganze Kraft in den Schlag und traf das Ungeheuer knapp unter der Schulter am Arm.

Es gab ein dumpfes Geräusch.

Der Angreifer, von dieser Attacke überrascht, taumelte einige Schritte zurück. Ein erstickter Laut kam aus seinem Mund und er ergriff die Flucht.

Dann war es plötzlich wieder still. Tim hörte nur seinen keuchenden Atem. Minutenlang hielt er schwer atmend inne, zu keiner Bewegung fähig. Er wusste nicht, wie lange er so dastand, gelähmt vom Schrecken und unfähig, einen klaren Gedanken zu fassen. Noch immer zweifelte er, ob dieser Zweikampf wirklich stattgefunden hatte oder bloß irre Einbildung war. Ein Griff an seinen schmerzenden Hals gab ihm die Antwort: Archibald hatte ihn angegriffen, ihn töten wollen. Doch die Schmerzenslaute stammten von keinem Monster; jemand hatte ihm aufgelauert, sich mit dem Kostüm des Haarmonsters getarnt. Unmöglich, dass ihm jemand bloß einen Schrecken einjagen hatte wollen. Es war ein Kampf auf Leben und Tod gewesen!

Allmählich erwachte Tim aus seiner Erstarrung. Er tastete den Boden nach der Taschenlampe ab, griff zum Schläger und wankte davon. An einer Wegkrümmung in der Nähe des geschwungenen Korridors stieß er mit dem Fuß plötzlich gegen etwas Weiches, Nachgiebiges. Tim schrie auf und sank in die Knie. Vor ihm lag eine zusammengekrümmte Gestalt. Beim Zusammenstoß mit dem Unbekannten war ihm die Taschenlampe aus der Hand gefallen, sie rollte über den

Steinboden, blieb an der Mauerkante liegen und leuchtete weiter.

Er konnte in der Finsternis nichts erkennen, glaubte aber, ein leichtes Röcheln zu hören. Tims Herz raste. Die Herzschläge dröhnten im Kopf, in den Ohren, überall fühlte er dieses Hämmern, bis in die Arme und Beine. Zitternd und mit starren Augen blickte er auf die Gestalt am Boden. Nur weg von hier! Weiter!, schrie eine Stimme in ihm. Tim sprang auf und lief so schnell er konnte.

War dies ein Traum, war dies Wirklichkeit? Tim wusste es nicht mehr. Er nahm die Dinge wahr wie in Trance. Irgendwie gelang es ihm, den Weg zurück in sein Zimmer zu finden.

Tim fühlte dumpfe, pochende Schmerzen hinter der Stirn und den Schläfen. Sein Genick schmerzte. Wie durch einen dichten Nebel hörte er plötzlich jemanden sprechen:

„Bist du krank? Hat dir das Gewitter so zugesetzt?"

Er wusste nicht, woher die Stimme kam und zu wem sie gehörte. Es war möglicherweise Sally, die da sprach. Langsam, unendlich langsam bewegte er den schmerzenden Kopf zur Seite. Tatsächlich, neben seinem Bett stand Sally, er hatte sie nicht kommen hören.

„Ich wollte einmal nachsehen, weil du beim Frühstück gefehlt hast."

Tim griff sich an den Hals und sofort durchjagte ein wilder Schmerz seinen Körper. Schlagartig kam die Erinnerung wieder.

„Wer hat beim Frühstück noch gefehlt?", fragte er.

„John. Warum fragst du?"

Also doch. Es war kein Albtraum. Die Ereignisse von gestern Abend waren grausige Wirklichkeit. Er war heute Nacht über Johns Leiche gestolpert. Sally strich über seine Stirn.

„He, du fieberst ja, deine Augen sind glasig!"

Noch gab er die Hoffnung nicht auf, dass die Ereignisse der Nacht nach und nach zurücktreten, sich in wilde Phantasiegebilde auflösen würden.

„Sally, bring mir bitte ein Glas Wasser! Meine Kehle ist total trocken, ich kann kaum sprechen."

Sally schüttelte verwundert den Kopf und ging zur Waschmuschel neben dem Bücherregal.

Plötzlich hörte Tim sie laut aufschreien.

„Um Himmels willen, Tim! Hast du dich verletzt?"

Tim schnellte im Bett hoch, blickte verwirrt zur Waschmuschel.

„Verletzt? Warum verletzt?"

„Blut, alles voll Blut. Wie grässlich, das Becken ist total beschmiert!"

Tim betastete seine Arme, sein Gesicht. Er hatte sich nicht verletzt. Die Kratzer und Scheuermale am Hals hatten nicht geblutet. Wie sollte Blut in das Becken gekommen sein? Er hatte die Waschmuschel nicht benutzt, war sofort nach seiner Rückkehr in einen tiefen, ohnmachtsähnlichen Schlaf gefallen. Verdammt, was ging hier vor? Die pochenden Schmerzen an den Schläfen verstärkten sich schlagartig, der ganze Kopf begann zu dröhnen.

Sally starrte ihn mit offenem Mund an. In ihren hellen Augen stand ängstliches Erstaunen. Er wollte ihr gerade von seinem nächtlichen Erlebnis erzählen, als draußen plötzlich heftiges Getrampel zu vernehmen war.

Dann hallte ein gellender Schrei durch das Schloss.

Es war ein Schrei, der Tim das Blut gefrieren ließ.

Überall flogen Türen auf, fragten Stimmen nach der Ursache der Aufregung. Kurz darauf erkannte er die grässliche Stimme des Hexers:

„John ist tot! John ist tot!"

Sally wurde augenblicklich kalkweiß im Gesicht. Dann stürmte sie aus dem Zimmer.

„Ich habe noch nie eine Leiche gesehen, die dermaßen zugerichtet war. Johns Schädel wurde durch mehrere Schläge mit einem stumpfen Gegenstand regelrecht zertrümmert."

Kommissar Tucker war die Erschütterung deutlich anzusehen. Er sog heftig an seiner Zigarette und setzte dann stockend fort:

„Was hatte John in Teufels Namen mitten in der Nacht im Ostflügel zu suchen? Was wollte er mit dem Meißel und dem Hammer, die ich neben der Leiche sicherstellen konnte?"

„Wie weit sind Sie mit Ihren Ermittlungen?", unterbrach Lennox. „Haben Sie bereits eine konkrete Spur?"

Der Kommissar schien einige Momente in Gedanken versunken, dann blickte er ernst in die Runde:

„Es gibt einige Indizien, die zum Mörder führen könnten. Ich habe unter anderem eine Blutspur entdeckt, die vom Mordopfer direkt zum Zimmer eines Bewohners dieses Schlosses führt."

Tim fühlte einen Schwindel, der Raum schien sich in eine schiefe Ebene zu verwandeln, auf der er langsam Richtung Abgrund rutschte.

„Mister Tim Fraser, können Sie uns etwas dazu sagen?"

Alle Blicke waren auf ihn gerichtet. Er konnte diese Blicke wie Gewichte auf sich spüren. Schwer und erdrückend. Übelkeit kroch langsam vom Magen den Hals hinauf. Er blickte in Sallys erstarrtes Gesicht. Dann hörte er sich wie von fern her sprechen:

„Ja, ich war dort, bin über etwas gestolpert, deshalb wahrscheinlich die Blutspuren. In der Dunkelheit konnte ich nichts erkennen. Erst in der Früh habe ich erfahren, dass es John war. Ich … ich habe ihn nicht umgebracht. Ich …"

Tim konnte nicht mehr weitersprechen. Etwas schnürte ihm die Kehle zu, ihm wurde schwarz vor den Augen. Der Kommissar legte ihm beschwichtigend eine Hand auf die Schulter.

„Tim, wir wissen, dass du nicht der Mörder bist. Du kannst uns aber entscheidend dabei helfen, die Sache aufzuklären."

Tim presste beide Hände gegen die Tischplatte, sein Atem ging keuchend, als er losschrie:

„Jemand hat versucht, mich umzubringen. Dann bin ich auf Johns Leiche gestoßen. Ich bin kein Mörder, jemand wollte mich erwürgen!"

„Langsam und der Reihe nach", besänftigte der Kommissar. „Was hattest du gegen Mitternacht im Ostflügel verloren? Eine ungewöhnliche Zeit, ein ungewöhnlicher Ort für nächtliche Spaziergänge, nicht wahr?"

Tim hatte sich wieder halbwegs unter Kontrolle. Er erzählte vom Secret Chamber, seiner Skizze, vom Schatz, erwähnte jedoch nichts von der Sache mit den Handtüchern.

„Wer wollte dich töten? Wer?", unterbrach ihn der Hexer ungeduldig. „Wer hat dich angegriffen?", fragte der Kommissar.

„Es war … es war Archibald!"

Ein Raunen ging durch die Runde. Der Hexer bäumte sich triumphierend auf und ballte die Fäuste.

„Ich meine, jemand hat mich in Archibalds Kostüm angegriffen. Ich habe an meinen Kleidern heute Morgen beim Anziehen Haarbüschel entdeckt. Wir haben heftig gekämpft, sie müssen vom Kostüm des Haarmonsters stammen."

Mit diesen Worten übergab er dem Kommissar eine Hand voll langer Haare. Tucker betrachtete sie sichtlich erstaunt.

„Sie stammen ohne Zweifel vom Kostüm, womit erwiesen ist, dass der Täter in diesem Kreis zu suchen ist. Ein Außenstehender wäre nicht in der Lage, sich ohne Schlüssel Zutritt zu verschaffen und hätte keinen Zugriff auf das Kostüm."

Der Kommissar bat Lennox, Nachschau zu halten, ob sich die Verkleidung noch an ihrem Platz befände. Dann meldete sich Stan Polanski zu Wort. Er sprach mit wichtigtuerischer Miene, einen bedeutungsvollen Blick in die Runde werfend:

„Da wäre noch etwas. Vielleicht ein entscheidendes Indiz. Ich habe am Morgen in der Nähe des Turmzimmers einen Baseballschläger entdeckt. Der Griff ragte unter einem Kasten hervor. Er war mit Blut besudelt, ohne Zweifel handelt es sich um die Waffe des Täters. Ich habe das Mordwerkzeug nicht angerührt – wegen der Fingerabdrücke, versteht sich."

„Danke, Mister Polanski. Ich werde ihn sofort sicherstellen und im Labor untersuchen lassen."

Wieder wurde Tim von einem Schwindel erfasst, der ihm fast die Besinnung raubte. Wie sollte Blut auf seinen Baseballschläger gekommen sein? Das war gänzlich ausgeschlossen. Der Hexer hatte das Gespräch gebannt verfolgt, nun meldete er sich voll Ungeduld zu Wort. Sein Mund öffnete sich, dass die langen gelben Zähne weit über die Lippen ragten:

„Wir vergeuden hier nur unsere Zeit. Wer die Geschichte

dieses Schlosses kennt, weiß, dass es für den Mord nur eine Erklärung geben kann!"

Der Kommissar betrachtete ihn mit einem zwischen Mitleid und Spott schwankenden Ausdruck. Er schien zu ahnen, was nun folgen würde.

„Die gewaltigen Energien, die durch das gestrige Gewitter frei geworden sind, haben Archibald zum Leben erweckt und ihm zu ungeahnten Kräften verholfen. Er ist an den Ort seiner Gefangenschaft zurückgekehrt und hat grausam gewütet. Wir alle wissen, dass er schon mehrmals hier aufgetaucht ist. Einmal hat er sogar ein Theaterkostüm verschwinden lassen, das ihn verhöhnte."

Tucker hob die Brauen, in jeder Silbe kam Verachtung zum Ausdruck:

„Mister Hexmer, von mir können Sie nur präzise kriminalistische Arbeit erwarten. Ich jage keine Gespenster, mache mich nicht zum Gespött von ganz Schottland."

„Haben Sie eine andere Erklärung für diese Bluttat? Nein! Das haben Sie nicht", schrie der Hexer mit sich überschlagender Stimme. Die Augen traten weit aus den Höhlen. „Sie glauben mir nicht, halten mich für einen Spinner. Wie Sie wollen, ich habe Sie gewarnt!"

Lennox kam zurück und hielt das Haarmonster-Kostüm in den Händen. Der Kommissar untersuchte es kurz und fand seine These bestätigt, dass der Mörder unter den Schlossbewohnern zu suchen war. Tim jedoch erkannte sofort, dass das zottelige Kostüm deutlich heller war als die Haarbüschel, die er an seiner Kleidung gefunden hatte. Gab es ein zweites Kostüm? Gerade wollte er dem Kommissar seine Beobachtung mitteilen, als sich Lennox an seine Mitarbeiter wandte:

„Es wäre meine Pflicht, den Grafen sofort zu benachrichtigen. Was folgt, liegt auf der Hand: Der Graf wird seinen Aufenthalt in Australien abbrechen und mit seiner Familie nach Glamis zurückkehren."

Jonathan wurde mit einem Schlag die Tragweite dieser Entscheidung bewusst:

„Er wird sich von seiner Dienerschaft trennen, uns alle entlassen. Der Graf wird mit seiner Familie nicht mit Menschen unter einem Dach leben wollen, unter denen sich ein Mörder befindet."

Nun wandte sich Stan Polanski flehentlich an den Verwalter:

„Mister Lennox, Sie dürfen den Grafen nicht benachrichtigen. Ich flehe Sie an, tun Sie es nicht. Warten Sie noch – wenigstens zwei bis drei Tage!"

„Der Fall wird durch die kriminalistischen Ermittlungen ohnehin offiziell", entgegnete Lennox kühl. „Soll der Graf etwa aus den Medien erfahren, was auf seinem Schloss geschehen ist? Ich sehe schon, wie sich die internationale Sensationspresse gierig auf uns stürzt."

Alle Blicke wandten sich Tucker zu.

„Sie haben mir vorhin gesagt, dass Sie die Mordkommission von Scotland Yard noch nicht eingeschaltet haben", meinte Lennox und nahm einen kräftigen Zug von seiner Zigarre.

Der Kommissar nickte.

„Ich wollte mir zunächst selber ein Bild machen, um die Kollegen in Edinburgh entsprechend instruieren zu können."

„Mister Tucker, wir ersuchen Sie um eines: Schalten Sie Scotland Yard vorerst nicht ein", meinte Lennox beschwörend.

„Das ist verrückt", entgegnete der Kommissar. „Das können Sie von mir nicht verlangen. Sie meinen, der Mörder soll ungestraft davonkommen?"

„Er soll seine Strafe erhalten!", schrie Lennox unvermittelt auf. „Suchen Sie den Mörder, ermitteln Sie, aber lassen Sie um Himmels willen die Behörden aus dem Spiel."

„Ich mache mich strafbar. Ich riskiere meinen Job", murmelte Tucker.

„Der Graf ist Ihr Freund. Helfen Sie, diesen Skandal von der ehrwürdigen Familie des Grafen abzuwenden", meinte der Butler.

Ein langes, spannungsgeladenes Schweigen folgte. Man merkte, wie der Kommissar mit sich kämpfte. Dann sagte er entschlossen:

„Gut, ich werde einige Tage zuwarten. Ich werde den Täter finden und ihn seiner gerechten Strafe zuführen. Das bin ich dem Opfer dieses brutalen Mordanschlags schuldig. Für die nächsten Tage gilt: Niemand verlässt das Schloss, bis der Fall gelöst ist."

In die angespannte Stille kreischte plötzlich Sally:

„Gilt das auch für mich?"

Der Kommissar entgegnete mit ärgerlich verzogener Miene:

„Ich habe mich wohl klar ausgedrückt: Niemand schließt alle Personen mit ein, die sich augenblicklich auf diesem Schloss befinden."

Tucker kratzte nervös an seinem Schnurrbart. Sein Gesicht wurde nun kalt und abweisend.

„Ich darf Sie alle sofort um Ihre Reisepässe bitten. Während Sie auf Ihre Zimmer gehen, werde ich mit den Verhören beginnen und ein Protokoll aufnehmen. Tim Fraser, Sie bleiben vorerst bei mir!"

Kapitel

Tim fühlte sich in einen quälenden Albtraum versetzt. In einen jener Träume, aus denen man schweißgebadet mit klopfendem Herzen erwacht. Er wollte noch immer nicht glauben, was er erlebt hatte und zweifelte an seinen eigenen Sinnen.

John war tot. Und das Leben auf Glamis ging weiter, als ob nichts geschehen wäre. Alles nahm seinen gewohnten Lauf. Am Morgen waren wie jeden Tag Touristenbusse vor dem Schloss vorgefahren. Stan Polanski begrüßte sie wie üblich mit Dudelsackklängen. Der Hexer erzählte blutrünstige Geschichten, Sally verkaufte im Souvenirshop Schlüsselanhänger und Eierbecher, Lennox telefonierte mit Tourismusmanagern in Europa und Übersee und Jonathan kochte auf Anordnung des Verwalters das schottische Nationalgericht Haggis.

Lediglich beim Abendessen war zu erkennen, dass der

Schock allen noch tief in den Gliedern saß. Keiner wagte, den anderen richtig anzuschauen. Die Erinnerung an John war schlagartig zurückgekehrt. Die Tischgesellschaft vermied es jedoch peinlichst, dem leer gebliebenen Platz Beachtung zu schenken; Lennox lenkte die Gespräche auf allerlei Belanglosigkeiten, niemand sollte an das Grauen erinnert werden.

Tim hatte heute auf seinen morgendlichen Spaziergang verzichtet, da ihn der Garten unweigerlich an John erinnert hätte. Am Abend saß er mit Sally in der großen Halle neben dem Kamin. Vor dem Abendessen hatte ihn der Kommissar nochmals eingehend zu den Ereignissen dieser verhängnisvollen Nacht befragt. Nun rätselte er mit Sally über den Tathergang.

„Der Mörder hat mein Touristbooklet gefunden und sich auf Schatzsuche begeben. Warum kommt ihm dann John in die Quere? Woher wusste John von dem möglichen Versteck im Ostflügel?"

Tim blickte gedankenverloren zu den Ritterrüstungen neben der Eingangstür und fügte dann folgenden Gedanken hinzu:

„Natürlich kann auch John den Plan gefunden haben.

Er macht sich auf die Suche und läuft seinem Mörder direkt in die Arme. Warum taucht eine zweite Person im Ostflügel auf?"

Sally blickte plötzlich ernst. Sie vermied es, Tim in die Augen zu sehen.

„John hat den Plan nicht gefunden!"

„Woher willst du das wissen?"

„Weil ich es ihm gesagt habe."

„Du hast – was?"

„John war mein Freund. Wir wollten unsere Beziehung nicht nach außen zeigen. John fürchtete Probleme mit Lennox. Ich habe ihm die Sache mit den Handtüchern und deiner Entdeckung erzählt. Es tut mir Leid, Tim. Ich habe mein Versprechen nicht gehalten."

Die Worte trafen Tim wie ein Keulenschlag. Sicher, er hatte etwas geahnt. Er hatte Sally auffallend oft zusammen mit John gesehen.

„Ich bin schuld an seinem Tod", sagte Sally mit leiser, veränderter Stimme und stierte zur Decke. „Ich hätte ihm nichts sagen dürfen. Er wäre jetzt noch am Leben. Alles ist meine Schuld."

Der Wind zog mit einem pfeifenden Geräusch durch den Kamin. Sally schluchzte leise vor sich hin. Tim schwieg und betrachtete die Jagdtrophäen an der gegenüberliegenden Wand. Zwischen Löwenköpfen und Tigerfellen hing die riesige Elefantenbüchse des 12. Grafen, der ein begeisterter Großwildjäger war. Mit dieser doppelläufigen Büchse hatte er in Afrika ganze Elefantenrudel zur Strecke gebracht. An der Wand stießen sich Giraffenhälse an Elefantenzähnen, dazwischen etliche Bilder des Grafen in stolzer Waidmannspose.

„Ich habe zufällig gehört, wie Lennox mit dem Kommissar wegen John gesprochen hat", schluchzte Sally. „Sie wollen die Leiche einfach verschwinden lassen. Ich bin überzeugt, dass die beiden den Täter kennen und ihn decken."

Johns Kleider und alle persönlichen Dinge sollten sofort verschwinden, hatte der Kommissar angeordnet. Nichts sollte an ihn erinnern. John hatte keine Verwandten, die nach ihm fragen würden. Er war als Waisenkind in einem Internat in den Highlands aufgewachsen. Seine Spuren würden sich für immer in diesem Schloss verlieren …

Tim verspürte plötzlich grenzenlose Wut, seine Hände ballten sich zu Fäusten.

„Ich habe dem Kommissar eindeutige Beweise vorgelegt, dass nur Polanski der Mörder sein kann. Er hatte wenige Stunden zuvor einen heftigen Streit mit John. Er hat mich auch beim Anfertigen meiner Skizze beobachtet."

„Jeder könnte Johns Mörder sein", entgegnete Sally. „Für mich scheiden nur du und Lennox aus."

„Was ist mit Jonathan?", fragte Tim.

Jonathan trug im Ghost Walk Archibalds Kostüm. Doch das hatte nichts zu sagen. Jeder konnte in das Haarmonster-Kostüm geschlüpft sein. Es lag für jedermann zugänglich im Theaterproberaum.

„Eine miese Type!", meinte Sally und rümpfte angewidert die Nase. „Er hat mir von Anfang an nachgestellt, mich ständig belästigt. Außerdem hat er eine Vogelspinne auf seinem Zimmer, die er mit lebenden Mäusen füttert. Jonathan hat mir das in allen Einzelheiten beschrieben, wie sich die Spinne auf die Mäuse stürzt. Er begeistert sich am Todeskampf der Tiere, so etwas ist im höchsten Maße pervers."

Immer wieder hatte sich Tim gefragt, wer ihm einen Mord in die Schuhe schieben wollte. Warum legte jemand Spuren, die unzweifelhaft zu ihm führten? Der Kommissar hatte sich in seinem Zimmer umgesehen und das Blut in der Waschmuschel entdeckt. Er hatte keine Zeit gefunden, es zu entfernen.

„Für mich steht fest, dass der Hexer John umgebracht hat", meinte Sally.

„Der Hexer ist ein harmloser Spinner, er wäre zu keinem Mord fähig."

„Das glaubst nur du. Er ist unberechenbar und jähzornig. In der letzten Saison hat er die Kamera eines Urlaubers, der in der

Gruft fotografiert hat, gegen die Mauer gedonnert. John hat mir viel von ihm erzählt. Er ist Mitglied einer merkwürdigen Sekte, die sich ‚High Priests of British White Witches‘ nennt."

Plötzlich musste Tim an den Abend mit dem schweren Gewitter denken. Er erzählte Sally von seiner Beobachtung: Der Altar vor dem Fenster, die Beschwörungsformeln, die der Hexer in den Donner gebrüllt hatte.

„Ist dir aufgefallen, dass er an seiner Halskette ein Pentagramm trägt?", fragte Tim.

„Ein was?"

„Einen magischen fünfzackigen Stern, der Druden vertreiben soll."

Druden seien nach dem Volksglauben des Mittelalters unheimliche Nachtgeister, erklärte Tim. Der Hexer wollte sie an jenem Abend alle vertreiben, um den Weg für Archibald freizumachen. Sally schüttelte sich vor Ekel.

„Der Mann ist mir total unheimlich. Er betet jeden Abend bei Kerzenschein lange Litaneien zur Geisterbeschwörung. Er wandelt als Archibald verkleidet durchs Schloss. Vielleicht ist er der Besitzer dieses mysteriösen Kostüms, das vor langer Zeit verschwunden ist. Gestern ist er nach dem Gewitter zufällig John begegnet und hat ihn erschlagen."

„Mit meinem Baseballschläger?", zweifelte Tim.

„Es gibt hier wohl mehrere solcher Schläger. Der Hexer ist eine gespaltene Persönlichkeit. Er hat John umgebracht und ist überzeugt, dass nicht er es war, sondern sein zweites Ich: Archibald!"

Das klang sehr überzeugend. Tim musste zugeben, dass Sally mit ihren Vermutungen möglicherweise richtig lag. Er hatte seinen Verdacht wegen eines zweiten Kostüms dem Kommissar mitgeteilt, doch der hatte ihn nicht ernst genommen. Die große Pendeluhr in der Halle schlug zehn. Tim verspürte plötzlich eine bleierne Müdigkeit, die sich im ganzen Körper breit machte.

„Sally, ich spüre, dass hier etwas vor sich geht, von dem wir beide keine Ahnung haben. Eigentlich traue ich niemandem mehr – außer dir!"

Sally nickte. Eine Haarsträhne fiel ihr ins Gesicht und Tim strich sie ihr zärtlich aus der Stirn.

„Irgendetwas stimmt hier nicht, auch ich fühle es ganz deutlich", erwiderte Sally. Sie presste ihr Gesicht an Tims Schulter und versuchte, die Tränen zu ersticken.

Er verabschiedete sich von Sally mit einem flüchtigen Kuss und machte sich auf den Weg in den 5. Stock. Nach diesem Gespräch fühlte er sich erleichtert und befreit. Oft hatte er befürchtet, dass dieser unheimliche Tag nie ein Ende nehmen würde. Es gab hier wenigstens einen Menschen, dem er sich anvertrauen konnte.

Gegen Mitternacht erwachte Tim durch Geräusche im Garten. Es war ein gleichmäßiges Scharren und Schaben, das ihn neugierig ans Fenster treten ließ.

Im fahlen Mondlicht konnte er erkennen, dass sich dort unten jemand zwischen den Buchsbaumhecken zu schaffen machte. Er sah, wie zwei Gestalten eine Grube aushoben. Es waren Lennox und Polanski. Dann verschwand ein weißes Bündel in der Grube und wurde hastig mit Erde bedeckt.

Tim starrte mit schreckgeweiteten Augen in die Dunkelheit. Gestern hatte er John noch an dieser Stelle bei der Gartenarbeit gesehen. Jetzt war er verschwunden, verscharrt, ausgelöscht.

Die hügelige Landschaft der Grafschaft Angus war seit Tagen ständig in dunkle Wolken gehüllt. Es wurde im Schloss empfindlich kühl, Feuchtigkeit drang in die Räume, eroberte sich Stockwerk für Stockwerk. In den Kaminen prasselte das Feuer. Aus den Schornsteinen quollen träge dunkle Rauchschwaden, die sich mit den grauen, tief hängenden Wolken vermischten. Das schlechte Wetter verstärkte die drückende Atmosphäre, die alle in ihren Bann schlug.

Die Erinnerung an John, das Rätsel um seinen Tod lastete auf den Schlossbewohnern wie ein böser Fluch. Tim konnte sich beim Abendessen kaum vorstellen, dass dieser grauenhafte Mord erst zwei Tage zurücklag. Vor zwei Tagen war an dieser Stelle ein heftiger Streit zwischen John und Polanski entbrannt. Ewigkeiten schienen vergangen zu sein.

Noch nie war ein Abendessen so schweigsam verlaufen wie das heutige; die Stimmung war an einem Tiefpunkt angelangt. Lediglich der Hexer wurde nicht müde, ständig zu wiederholen, dass hier Kräfte am Werk seien, die wir uns nicht mit unserem Verstand erklären konnten. Die Flammen des Feuers im Kamin zauberten zitternde Schatten in sein gespenstisches Gesicht.

Archibald sende seit seinem Tod ständig Impulse aus, die nur er als „High Priest" auffangen könne, weil sie zum Reich des Übersinnlichen und Unbegreiflichen zählten, erklärte er. Nur er könne Botschaften des Verstorbenen übermitteln, weil er mit dem Jenseits in Kontakt stehe.

Kaum jemand hörte ihm zu, als er mit großem Eifer eine neue These verkündete. Erregt zeigte er mit seinem knochigen, gichtgekrümmten Zeigefinger Richtung Osttrakt:

„Archibald tötet von Zeit zu Zeit Menschen, um seine Kräfte zu erhalten. Irgendeine Macht im Verborgenen ruft ihn dazu auf. John war nicht das erste Opfer in dieser mörderischen Kette. Jimmy Cliffords Tod war …"

„Halten Sie den Mund. Halten Sie endlich den Mund!"

Bei der Erwähnung dieses Namens war Lennox feuerrot angelaufen. Er schnaufte heftig, Schweißperlen standen auf seiner Stirn. So hatte Tim den Verwalter noch nie erlebt. Wieder wurde ihm bestätigt, dass der Tod des jungen Aushilfsführers eine offene Wunde war, an die niemand rühren durfte. Wahrscheinlich kannte jeder die wahren Hintergründe – außer Sally und ihm. Plötzlich fror Tim, obwohl das prasselnde Kaminfeuer behagliche Wärme verbreitete.

Jonathan servierte Butterscotch Tart, einen leckeren Nachtisch, bestehend aus Teig mit Karamellfüllung, abgedeckt mit lockerem Baiser.

Der Hexer war verstummt. Ab und zu bewegte er die Lippen und murmelte etwas Unverständliches. Plötzlich kam Tim ein Gedanke, der ihn augenblicklich gefangen nahm. Warum hatte er nicht schon früher daran gedacht? Er fühlte, wie sein Herz heftig zu pochen begann. Natürlich, mit diesem Indiz war der Täter mit Sicherheit zu überführen. Es war noch nicht zu spät, diesen Umstand aufzuzeigen.

„Ich habe den Mörder verletzt!", stieß er mit seltsam belegter Stimme hervor und erhob sich.

Jonathan verschluckte sich und musste heftig husten, dem Hexer entglitt der Löffel, mit dem er soeben Karamellfüllung zum Mund führen wollte.

„Ich habe ihn mit dem Baseballschläger hart am Oberarm getroffen. Spuren dieses Schlages müssten noch jetzt zu erkennen sein."

Tim blickte forschend in die Runde. Er sah in wie aus Stein gemeißelte Gesichter.

„Mister Polanski, machen Sie Ihren rechten Oberarm frei!"

Eisiges Schweigen senkte sich über die Tischgesellschaft. Alle Blicke richteten sich gebannt auf den Butler. Dessen Gesicht blieb völlig ungerührt. Nur die blassen Lippen kräuselten sich verächtlich:

„Ich denke überhaupt nicht daran. Der Bursche hat wohl den Verstand verloren."

Mister Lennox nahm einen tiefen Zug von seiner Zigarre und paffte dicke Wolken, durch deren Schleier hindurch er sagte:

„Tun Sie, was Tim von Ihnen verlangt!"

Die Spannung im Raum erreichte einen Höhepunkt, schlug alle in ihren Bann. Ein plötzlicher Luftzug ließ die riesigen dicken Kerzen auf dem dreiarmigen Leuchter aus massivem Silber flackern. Der Butler zupfte an seinem weißen Rüschenhemd. Fast hatte es den Anschein, als ob er Tims Aufforderung nachkommen würde. Dann öffnete er eine Bierflasche und näselte angewidert:

„Ich folge lediglich den Anweisungen des Kommissars. Ich werde mich hier nicht entkleiden, nur weil es ein dahergelaufener Student von mir verlangt. Ich ersuche um Ihr Verständnis, Mister Lennox."

Der Verwalter nickte.

„Kommissar Tucker wird sich der Sache annehmen. Ich werde ihm von unserer Auseinandersetzung berichten."

Tim gab nicht auf. Polanskis Reaktion verriet ihm, dass er die richtige Spur verfolgte:

„Haben Sie John ermordet?"

Tim sah ihn scharf und durchdringend an. Der Butler hielt seinem Blick stand, aber die Unruhe in seinen Augen war nicht zu übersehen. Statt einer Antwort verzog er den

Mund zu einem breiten Grinsen, was seinem Gesicht einen dämlichen Ausdruck verlieh. Nach einer Weile stieß er verächtlich hervor:

„An deiner Stelle würde ich den Mund halten, Kleiner. Jedes Gericht der Welt würde dich für schuldig befinden. Du warst am Tatort, Blutspuren führen bis vor deine Zimmertür. Die Tatwaffe, dein Baseballschläger, wurde mit deinen Fingerabdrücken sichergestellt. Das Blut des Opfers befindet sich sogar in deiner Waschmuschel. Das wären doch Beweise genug – oder?"

„Sie wissen genau, dass das Blödsinn ist!"

Der Butler war noch nicht am Ende, sein Tonfall verschärfte sich. Aus den eng stehenden, schielenden Augen strahlten Tücke und Hinterlist. Der dämonenhafte Mund verzog sich hässlich, als er sagte:

„Und du hattest ein Motiv!"

„Ich? Ein Motiv? Sie sind verrückt!"

„Das Motiv heißt Sally. Alle im Schloss wissen doch, dass du hinter der kleinen Sally her warst, die leider bereits vergeben war. John war dein Konkurrent – er musste sterben."

Tim packte Stan Polanski an der Schulter und wollte ihm die Faust ins Gesicht schlagen. Jonathan warf sich dazwischen, trennte die Kampfhähne und drängte Tim gemeinsam mit dem Hexer auf seinen Stuhl zurück.

„Gentlemen, wir dürfen uns jetzt nicht gegenseitig fertig machen!", mahnte Lennox. „Wir stehen vor einer äußerst schwierigen Situation, doch wir werden sie meistern, wenn wir jetzt kühlen Kopf bewahren."

Sally war rot angelaufen und warf Tim angstvolle Blicke zu. Auch der hervorragende Crabbie's Ingwerwein, den Lennox spendiert hatte, um seine Mannschaft bei Laune zu halten, konnte den Abend nicht mehr retten. Früher als sonst brachen alle in ihre Zimmer auf.

„Übrigens, Tim!", meinte Lennox, als sich die Runde auflöste. „Du musst Johns Rolle im Ghost Walk übernehmen. Nächste Woche ist Premiere."

„Was hat John gespielt?"

„Einen Ritter, der heimtückisch ermordet wird. Er verehrt die schöne Lady Glamis und fällt durch die Hand eines Konkurrenten."

„Sehr ermutigend", meinte Tim. „Ich werde versuchen, mein Bestes zu geben."

Er verließ die Küche und hörte noch, wie Polanski und Jonathan hämische Bemerkungen zu seiner neuen Rolle machten. Er wünschte sich plötzlich weit weg von diesem Ort.

Die kühle Abendluft brachte ihn wieder zur Besinnung. Er hätte jetzt gerne mit Sally gesprochen, doch die musste in der Küche helfen.

Zwischen den Statuen von James VI. und Charles I. blieb Tim stehen und betrachtete das Schloss. Glamis Castle schien ihn aus seinen vielen Fenstern anzustarren. Die mächtigen roten Sandsteinquader strahlten etwas Bedrückendes aus. Er konnte sich diesem Gefühl nicht entziehen. Er hatte Angst, dieses Schloss würde sich mit all seinen Türmen, Giebeln und Erkern auf ihn stürzen und kam sich zwergenhaft und ohnmächtig vor.

Als er zum Holländischen Garten wanderte, hatte er das Gefühl, beobachtet zu werden und spürte bohrende Blicke im Rücken. Er wandte sich rasch um und sah Verwalter Lennox, der ihn aus einem Fenster im 3. Stock mit versteinerter Miene anstarrte.

Nicht weit entfernt von den beiden steinernen Löwen

befand sich der Platz, wo John begraben lag. Die Stelle war durch frisch gegrabenes Erdreich zu erkennen. Tim bemühte sich, an den Buchsbaumhecken möglichst unauffällig vorbeizugehen, konnte jedoch nicht vermeiden, dass er vor Angst und Grauen geschüttelt wurde.

Die Nacht brach mit beängstigender Schnelle herein und Tim hörte wieder das dunkle Heulen eines Hundes. Auch aus seinem Zimmer im 5. Stock hatte er das Tier weder sehen noch irgendwo ausmachen können. Das seltsame, aus keiner Richtung zu kommen scheinende Gebell ging ihm durch Mark und Bein.

Mit schnellen Schritten wandte er sich dem Eingang zu. In der Halle war es ruhig, nichts regte sich. In einem Zimmer am Ende des Korridors brannte Licht. Es war deutlich erkennbar an dem schmalen Streifen, der unter der Tür zu sehen war. Er hörte dumpfes Gemurmel, erkannte die Stimmen von Polanski und Jonathan. Erst als er ganz nahe trat, konnte er etwas verstehen. Polanski sprach langsam und mit schwerer Zunge:

„Dieses Milchgesicht aus London scheidet als Täter aus. Der Kerl ist nicht gerissen genug für einen brutalen Totschläger."

Hoppla, hier ging's um ihn! Mal sehen, was die beiden Kerle in ihrem Suff so vor sich hin plapperten.

„Hast du eine Vermutung?", fragte Jonathan.

„Ja, aber du würdest es nicht für möglich halten. Ich sage es nur dir, also halt' die Klappe!"

„Wer?"

„Lennox!"

„Wie bitte? Du bist verrückt."

„Ich kenne den Alten nun seit fast dreißig Jahren. Seit er

hier den großen Verwalter spielt, hat er nur eins im Kopf: den Schatz des Grafen zu finden."

„Na und? Das wollen wir doch alle."

„Lennox war aber zum Unterschied von uns schon erfolgreich und ist fündig geworden", ereiferte sich Polanski.

„Er hat einen Großteil des Schatzes gefunden und in den eigenen Sack gesteckt."

„Woher willst du das wissen?"

Die folgenden Worte konnte Tim nur schwer verstehen. Polanski sprach so leise, als ob er den Lauscher an der Tür erahnte.

„Er besitzt eine Villa auf der Insel Mull, fährt einen teuren Bentley. Mit seinem Verwaltergehalt könnte er sich das niemals leisten."

„Hat er nicht etwas von einer Erbschaft erzählt?"

„Ich habe nachgeforscht. Diese Tante, von der er gefaselt hat, gibt es nicht."

Tim hörte, wie der Koch durch die Zähne pfiff. Polanski kam nun richtig in Fahrt:

„Lennox ist ein Mann, der niemals genug haben kann. Durch Zufall ist ihm der Plan dieses Rotzlöffels in die Hand gekommen. Er hat seine Chance gesehen, an den Rest des Vermögens zu kommen. Ich weiß außerdem, dass er in den Casinos von Edinburgh häufiger Gast ist. Wahrscheinlich hat er hohe Spielschulden."

„Donnerwetter, das hätte ich unserem Alten nicht zugetraut."

„Da staunst du, was? Du hältst wie vereinbart dein loses Maul!"

„Alles klar, du alter Drecksack!"

Kommissar Tucker fingerte nervös nach einer Zigarette; die ersten Züge schienen ihm unheimlich wohl zu tun. Er forschte in Tims Gesicht, als wollte er sich nicht die kleinste Regung entgehen lassen.

„Jemand versucht, dir etwas anzuhängen. Ich glaube dir, Tim. Die Frage ist nur, wer und warum. Ich kenne die Leute rund um Lennox seit vielen Jahren. Es sind schon sonderbare Typen, geprägt vom jahrelangen Leben auf diesem Schloss. Einen Mord und ein bizarres Verwirrspiel um deine Person kann ich aber schwer jemandem zutrauen."

„Haben Sie denn noch immer keine Spur, keinen Verdächtigen?"

Tim stieß die Worte voll Ungeduld hervor. Der Kommissar zog die Stirn in Falten.

„Bis jetzt liegen mir keine wirklich neuen Erkenntnisse vor. Alle verwertbaren Spuren dieses Mordfalles führen zu dir.

Ich könnte dich jetzt ebensogut fragen, ob es nicht an der Zeit wäre, endlich ein Geständnis abzulegen."

Tim schwieg, starrte mit gesenktem Kopf auf die Tischplatte.

„Es ist mir klar, dass du in der Dunkelheit nicht viel erkennen konntest. Du musst aber wenigstens eine vage Erinnerung an die Größe des verkleideten Mörders haben."

„Der Kerl war etwa so groß wie Mister Polanski."

„Ich weiß, dass du ihn nicht ausstehen kannst", entgegnete der Kommissar. „Ich habe übrigens deinen Hinweis überprüft. Niemand, auch nicht Stan Polanski, weist eine Verletzung am Oberarm auf. Auch dein ständiges Gerede wegen eines zweiten Archibald-Kostüms geht ins Leere."

Tim blickte in Tuckers breites Gesicht. Da war ein missmutiger, misstrauischer Ausdruck in den schwarzen Augen.

„Ich bin überzeugt, dass du mir nach wie vor einen wichtigen Punkt verschweigst. Was weißt du über das Secret Chamber? Oder besser: Was glaubst du darüber zu wissen?"

„Ich habe Ihnen gesagt, was ich weiß", entgegnete Tim trotzig und biss nervös an seiner Unterlippe herum.

Tim war sich bewusst, dass er die Unwahrheit sprach.

Sally und er hatten vereinbart, von der Sache mit den Handtüchern nichts zu erzählen. Etwas hielt Tim zurück, dieses Geheimnis preiszugeben. Der Kommissar griff prüfend an den perfekten Knoten seiner Krawatte und meinte vertrauensvoll:

„Ich mag dich, Tim. Doch ich kann dir einen Vorwurf nicht ersparen: Du hast mit deinen unsinnigen Theorien einen Wettlauf ausgelöst, dem immerhin ein Mensch zum Opfer gefallen ist."

„Ich habe mir bloß Gedanken über einen verschwundenen Schatz gemacht."

„Es gibt keinen Schatz!", schrie Tucker unvermittelt auf und erhob sich mit einem Ruck. „Glaubst du nicht, dass die Nachkommen des 15. Grafen alles darangesetzt haben, ein mögliches Versteck ausfindig zu machen? Die Legende vom Schatz wird bloß am Leben erhalten, um die geheimnisvolle Aura des Schlosses zu pflegen, um die Besucherzahlen anzukurbeln."

Tim erschrak über diesen überraschenden Temperamentsausbruch. Tucker ging nun unruhig im Zimmer auf und ab.

„Schon als mein Vater hier Butler war, sind Menschen unter schrecklichen und grauenhaften Umständen ums Leben gekommen. Sie alle haben an die Legende vom Schatz geglaubt. Das Morden muss ein Ende haben. Wie viele unschuldige Menschen sollen auf Glamis noch sterben?"

„Jimmy Clifford?", stieß Tim mit brüchiger Stimme hervor.

Der Kommissar blieb abrupt stehen, blickte Tim überrascht an.

„Du hast von ihm gehört? Nun, er hat ebenso wie du an einen Schatz geglaubt und überall im Schloss herumgeschnüffelt. Trotzdem liegt der Fall etwas anders. Die kriminalistischen Ermittlungen haben ergeben, dass hier ein tragischer Unfall vorliegt. Jimmy ist im Drogenrausch durchs Fenster gekracht. Er hat den Stress als Aushilfsführer nicht bewältigt und zu Rauschgift gegriffen. Die Kripo hat in seinem Zimmer jede Menge Drogen sichergestellt."

Tim hatte aufmerksam zugehört. Mit einem Schlag nahm die Person seines Vorgängers Konturen an, wurde für ihn greifbar. Er konnte Jimmys seelische Qualen gut nachvollziehen, ohne dabei Verständnis für dessen Flucht in die Scheinwelt der Drogen aufzubringen. Er selbst verließ Partys stets unter Protest, wenn dort ein Joint kreiste.

Das Gesicht des Kommissars hatte nun einen harten, entschlossenen Zug angenommen, als er sagte:

„Diese Schatzsucherei ist kein Abenteuer, merk dir das, Tim! Jimmy Cliffords Tod und die Ermordung Johns müssen dir eine Lehre sein. Es wird weitere Opfer geben, wenn ich den Fall nicht raschest aufkläre. Ich werde jedenfalls ohne Rücksicht auf Ansehen und Stellung der Person ermitteln."

Lennox, dachte Tim. Er kann damit nur den Verwalter gemeint haben, der als Wolf im Schafspelz durchs Schloss schleicht. Er habe sogar ein Psychogramm des Täters erstellt, erklärte Tucker weiter. Der Mörder werde getrieben von einer unstillbaren Sucht, von einer zwanghaften Gier nach Reichtum und Ansehen.

Tucker sprach wie im Fieber, er zuckte zusammen, als ihm die Glut der Zigarette die Fingerspitzen zu verbrennen drohte. Dann beugte er sich zu Tim und sprach in väterlichem Ton:

„Ich möchte dir jetzt etwas anvertrauen, Tim: Ich werde dem Täter eine Falle stellen und ich bin überzeugt, er wird hineintappen. Seine Gier wird ihn verraten. In wenigen Tagen wird die Falle zuschnappen."

Tim blickte auf die Uhr; in zwanzig Minuten begann die nächste Führung. Er hängte sich den schwarzen Umhang um die Schultern, schmierte sich Schminke ins Gesicht und griff zu den weißen Handschuhen. Unruhig ging er im Zimmer auf und ab, hielt sich wieder dicht an der Wand, um das grässliche Geräusch der ausgetretenen Dielen zu vermeiden. Er fühlte sich wie ein Tiger, der an den Gitterstäben eines

Käfigs entlangstrich. Ein bedauernswertes Tier, das man von der Welt weggesperrt hatte.

Der Alltag war auf Schloss Glamis zurückgekehrt, hielt alle Bewohner fest im Griff. Nach seinem Gefühl war der Kommissar noch keinen Schritt weitergekommen. Johns Tod lag nun bereits eine Woche zurück. Lennox hatte im „Scotish Independent" eine Annonce wegen eines neuen Gärtners aufgegeben. Fast hatte es den Anschein, der grässliche Mord wurde von den Schlossbewohnern als bedauernswerter Unfall empfunden, an den nun nicht mehr erinnert werden sollte. Sogar die abendlichen Bridge-Runden wurden auf Anordnung des Verwalters wieder aufgenommen. Es war nicht zu fassen; Tim saß mit Johns Mörder an einem Tisch und musste mit ihm Karten spielen.

Bei dem Gedanken an John strömte eine Welle von Schwäche durch Tims Körper, die fast zur Übelkeit wurde. Er blieb stehen, seine Handflächen glitten über die Wand. Alles Entsetzen ging von diesem alten Gemäuer aus. Je näher er ihm kam, um so klarer konnte er es fühlen. Diese Wand strahlte Grauen aus. Lebendiges, kaltes Grauen hatte sich in ihr eingenistet; kroch durch die Ritzen, stierte ihm feindselig entgegen.

In den letzten Tagen hatte er kaum geschlafen, sich erschöpft und ausgebrannt gefühlt. Alles um ihn erschien grau und trostlos. Ebenso war es vermutlich Jimmy Clifford ergangen. Was mochte sein Vorgänger hier im Turmzimmer erlebt haben? Spuren von Jimmys Persönlichkeit befanden sich in diesem Raum und diese Tatsache begann ihn mehr und mehr zu beunruhigen.

Tim blickte aus dem Fenster. Von hier war der Aushilfsführer in die Tiefe gestürzt.

War es Selbstmord?

Kein Selbstmörder springt durch ein geschlossenes Fenster in die Tiefe. Dann war es Mord! Rauschgift war eine plausible Erklärung für die Unfalltheorie, trotzdem wollte Tim nicht daran glauben. Hatte Jimmy eine unheimliche Entdeckung gemacht und dafür sterben müssen? Warum hatte die Polizei oberflächlich ermittelt? Sollte jemand gedeckt werden? Lennox?

Tims Blicke schweiften durch den Garten und verweilten zwischen den Buchsbaumhecken, wo nichts mehr an eine heimlich beseitigte Leiche erinnerte. Der Wind hatte Blätter über die geheime Grabstelle geweht. Tim war sich gewiss: Es gab mit Sicherheit einen Zusammenhang zwischen den Morden an John McAllister und Jimmy Clifford.

Er verspürte einen leichten Schwindel und fuhr mit der Hand an seinen Kragen. An seinem Hals merkte er, dass seine Finger kalt und schweißig waren. Tim wandte sich vom Fenster ab und starrte auf das Gemälde des im Weltkrieg gefallenen Sohnes des 15. Earl of Strathmore. Das Geheimnis von James, Master of Glamis, hatte ein weiteres Opfer gefordert.

Plötzlich wurde ihm bewusst, warum ihn das Gemälde schon oftmals irritiert hatte. Das Bild war alt und verwittert, nur die vielen Knöpfe im Mittelteil der Uniform leuchteten und wirkten wie neu gemalt. Besonders der dritte Knopf von oben funkelte jetzt im Licht der Nachmittagssonne. Tim griff nach einem der schweren Eichenstühle, um die merkwürdigen Knöpfe aus der Nähe zu betrachten. Seine Finger glitten über die Leinwand und spürten etwas Hartes, es fühlte sich an wie Glas. Atemlos riss er an der Bildleinwand, ein hässliches Geräusch erfüllte den Raum. Der verräterisch glänzende Uniformknopf war …

Zunächst konnte er sich keinen Reim auf das machen, was

hier zum Vorschein kam. Es sah aus wie eine optische Linse. Sie gehörte – Tim entfernte ein weiteres Stück Leinwand – zu einer Kamera, die hinter dem Bild montiert war.

„Verdammt!", schoss es Tim durch den Kopf. Was ging hier vor? Wurde er in seinem Zimmer überwacht? Es war genau jener Kameratyp einer bekannten englischen Firma, den man besonders bei Bankgebäuden und Botschaften überall im Lande sehen konnte.

Tim sprang vom Stuhl. Das Blut schoss ihm in den Kopf und pochte in seinen Schläfen. Er musste sofort den Verwalter zur Rede stellen. Gehetzt schweiften seine Blicke durch den Raum. Waren noch weitere Kameras versteckt? Etwa an der Decke? Hinter den beiden anderen Bildern? Zwischen den Bücherregalen? Tim fegte wie ein Wirbelwind durch den Raum, tastete Wände ab, untersuchte den Spiegel über der Waschmuschel, die Uhr. Die Gedanken jagten wirr durch seinen Kopf. Ich mache mich noch vollkommen verrückt, dachte er und lehnte sich an den Türstock.

Als er sich etwas gefasst hatte, rannte er los. Er sprang über mehrere Treppen, sein schwarzer Umhang flatterte hinter ihm her. Sein Gefühl, hier ständig beobachtet zu werden, hatte ihn also nicht getrogen. Wer konnte Interesse haben, ihn in seinem Zimmer zu beobachten? Stand diese Überwachung in Zusammenhang mit Johns Tod?

Ohne anzuklopfen stürmte Tim in das Zimmer des Verwalters.

„Mister Lennox, was geht hier vor? Ich habe soeben eine Überwachungskamera in meinem Zimmer entdeckt."

Lennox blickte verstört von seinem Schreibtisch auf, schüttelte verwundert den Kopf:

„Ich verstehe deine Aufregung nicht. Automatische Kameras befinden sich in fast allen Bereichen dieses Schlosses. Diese Kamera ist Teil unseres Security-Systems. Alle Schauräume werden Tag und Nacht mit hochempfindlichen Kameratypen überwacht. Die enormen Kunstschätze dieses Schlosses erfordern außergewöhnliche Sicherheitsmaßnahmen."

„In meinem Zimmer befinden sich keine Kunstschätze!", schrie Tim.

Lennox war es nicht gewohnt, dass jemand in seinem Büro lauthals seinen Unmut kundtat. Kühl und sachlich führte er aus:

„Das Turmzimmer war während einer Phase des Umbaues Aufbewahrungsort von wertvollen Gemälden und Teppichen. Die Versicherung hat auf den Einbau einer Überwachungskamera bestanden."

Der Verwalter erhob sich und betätigte an einem Pult neben seinem Schreibtisch mehrere Knöpfe. Der Monitor zeigte Bilder von Kamera A1, die soeben einen Autobus, der vor dem Schloss hielt, erfasste. Kamera B3 zeigte Touristen, die an der Nordseite auf dem breiten steinernen Treppenaufgang warteten.

„Das sind übrigens die Leute, die darauf warten, von dir durchs Schloss geführt zu werden", meinte Lennox vorwurfsvoll.

Dann waren das Billardzimmer und die Kapelle zu sehen. Die Kameras lieferten gestochen scharfe Bilder. Lennox betätigte den Schalter für das Turmzimmer, auf dem Bildschirm machte sich ein Flimmern breit.

„Die Kamera in deinem Zimmer ist nicht in Betrieb. Sie hat keine Funktion. Niemand möchte dich beim Zähneputzen beobachten. Eine Überwachungskamera, bei der am anderen Ende der Leitung niemand sitzt und dich beobachtet, ist keine Überwachungskamera!"

Tim gab sich zufrieden. Lennox erzählte, dass es auf Glamis in den vergangenen Jahrhunderten schon immer Überwachungssysteme gegeben habe: In den Türen zum Speisezimmer seien Gucklöcher angebracht, da Gäste immer wieder das wertvolle Silberbesteck in ihren Taschen verschwinden ließen.

„Wenn es dich beruhigt, lass ich die Turmzimmer-Kamera in den nächsten Tagen von einem Security-Mann entfernen."

Tim eilte zur Tür. Die Touristengruppe wartete nun bereits eine Viertelstunde auf ihn und war sicher schon ungeduldig. Der Unmut des Reiseleiters war ihm gewiss.

„Übrigens, Tim", rief ihm Lennox nach. „Ich habe soeben die vorläufige Besucherbilanz für Juli erstellt. Wir liegen um 15 Prozent über dem Vergleichszeitraum des Vorjahres. Da du auch am Gewinn beteiligt bist, bedeutet dies einen kräftigen Zuschlag."

Endlich einmal eine gute Nachricht, dachte Tim. Vor dem Billardzimmer lief ihm Sally über den Weg. Sie wirkte aufgeregt, die Worte sprudelten aus ihrem Mund:

„Tim, ich hatte soeben ein längeres Gespräch mit dem Kommissar."

„Und? Weiß er schon mehr?"

„Er hat mir anvertraut, dass der Hexer als Jugendlicher eine längere Gefängnisstrafe abgesessen hat."

„Weswegen?"

„Mord!"

Kapitel

Tim stand vor dem Schloss und schrieb Autogramme. Junge Damen hakten sich für Erinnerungsfotos bei ihm ein. Zwei äußerst attraktive Mädchen im bauchnabelfreien Outfit wollten sogar auf die Wangen geküsst werden.

„Was ist mit dem Schatz, Mister Fraser, werden Sie ihn finden?"

Tim blickte für einen Moment verwirrt in die klickenden Kameras. Woher wollten die beiden wissen, dass er hinter einem Schatz her war? Sicher, er hatte ihn während der Führung erwähnt, aber …

„Laden Sie uns auf einen Kaffee ein, wenn Sie ihn gefunden haben?", lispelte die andere mit erwartungsvollem Blick.

„Klar!", grinste Tim. „Dann fahren wir sogar zu dritt auf Urlaub in die Südsee."

Die beiden Mädchen kreischten vor Vergnügen auf, bedeckten in gespieltem Entsetzen ihre offenen Münder.

Sie hopsten dazu in wilder Begeisterung und kippten fast aus ihren Stöckelschuhen. Zum Abschied wünschten sie Tim viel Glück bei der Suche. Sally hatte die Szene in unmittelbarer Nähe beobachtet; Tim hatte sie nicht bemerkt.

„Du wirst ja von Tag zu Tag besser, alle Achtung!", meinte sie ironisch.

„Ich habe eine Neuigkeit für dich, Mister Ladykiller."

Gemeinsam mit Tim beobachtete sie die Abfahrt des Busses. Tim grüßte seine Fans mit einer lässigen Handbewegung.

„Ich war mit dem Rover im Dorf. Lennox wollte mich zunächst nicht fahren lassen, doch es gab einige dringende Besorgungen. Im Dorf heißt es, der Tod von Jimmy Clifford sei ein brutaler Mord gewesen."

„Wer behauptet das?"

„Ich hatte eine Panne mit dem Rover. Der freundliche junge Mann von der Tankstelle hat mir viel erzählt, was die Leute hier so denken. Rate mal, wer damals die Erhebungen geführt hat."

„Nun?"

„Der Kommissar himself. Mister David Tucker aus Dundee."

Tim pfiff leise durch die Zähne. Doch wirklich überraschen konnte ihn diese Mitteilung nicht. Tucker spielte möglicherweise ein falsches Spiel. Er ermittelte halbherzig, riskierte seinen Job. Warum? Ging seine Freundschaft zum Grafen tatsächlich so weit, dass er ungesetzlich handelte, ein Mordopfer verschwinden ließ?

„Lennox hat ihn in der Hand. Tucker wird erpresst", meinte Tim.

Zehn Tage nach dem Mord war klar, dass Tucker eine Hinhaltetaktik verfolgte. Immer wieder betonte er, konkrete

Spuren zu verfolgen, ohne einen Schritt weitergekommen zu sein. Immer wieder stellte er bei Verhören die gleichen, leicht abgewandelten Fragen. An die Wirksamkeit seiner groß angekündigten „Falle", in die der Mörder tappen sollte, glaubte er wohl selbst nicht mehr. Jedenfalls ließ er keine Absicht erkennen, an der Lösung des Falles echtes Interesse zu haben.

Während Tim und Sally über die Motive des Kommissars grübelten, hatte ein Lieferwagen vor dem Schloss angehalten. Lebensmittel, Obst und unzählige Flaschen wurden entladen. Sally warf einen kurzen Blick auf die Lieferung und wurde stutzig. Eine große Schachtel, prall gefüllt mit Zigarettenstangen der verschiedensten Marken, erregte ihre Aufmerksamkeit.

„Hast du eine Ahnung, für wen die vielen Zigaretten sind?", fragte sie Tim.

Sally hatte Recht. Lennox paffte ausschließlich Zigarren, Polanski rauchte selbst gedrehte Zigaretten, lediglich der verstorbene John war ein starker Raucher …

„Merkwürdig", meinte Sally verklärt. „Dieses Schloss ist tatsächlich voller Rätsel."

Tim beschäftigte anderes, er starrte an Sally vorbei zu den dicken Mauern des Castles. Das Secret Chamber und der Schatz des Grafen ließen ihn trotz der Warnungen des Kommissars nicht ruhen.

„Sally, wir haben bis jetzt einen ganz wichtigen Teil des Schlosses übersehen, den Keller. Es ist möglich, dass von dort eine Verbindung zum Secret Chamber besteht. Ein schmaler Gang durch die Mauern des Ostflügels. Archibald könnte durch diesen Geheimgang versorgt worden sein."

Tim berichtete Sally von Gewölben und geheimen Gängen, die längst in Vergessenheit geraten waren. Der Hexer hatte mitunter vom unterirdischen Teil des Schlosses erzählt. Diese Gänge waren stockdunkel, feucht und modrig, zum Teil auch bereits eingestürzt.

„Auch John hat mir davon erzählt", meinte Sally. „Als im Italienischen Garten der Delphin-Springbrunnen angelegt wurde, ist man beim Ausheben der Baugrube auf einen unterirdischen Gang gestoßen."

Tim griff nach Sallys Hand und sprach in beschwörendem Tonfall:

„Sally, du musst mir dieses eine Mal noch helfen. Nur dieses eine Mal. Wir schauen uns gemeinsam im Keller um, suchen die Ostseite des Gewölbes nach versteckten Gängen ab."

„Kommt überhaupt nicht in Frage!", schnaubte Sally. „Diese Schatzsucherei hat schon genug Unheil angerichtet. Ich bin ja nicht lebensmüde! Ist es nicht genug, dass John dabei umgekommen ist? Jeder von uns könnte der Nächste sein."

„Sally, ich bin so nahe dran wie kaum ein anderer zuvor. Ich brauche deine Hilfe. Allein ist mir die Sache zu riskant."

„Einfach verrückt, im Keller nach versteckten Gängen suchen", murmelte Sally. „Du machst dich hier langsam zum Narren!"

„Die Narren sind auf Glamis bereits ausgestorben", antwortete Tim kühl.

Sally wusste, worauf Tim anspielte. Der 3. Graf hatte sich einst auf Glamis einen Hofnarren gehalten und war der letzte Adelige Schottlands, der diesen alten Brauch pflegte. Das Narrenkleid, ein buntes Seidengewand, war noch erhalten und konnte im Salon besichtigt werden. Der Hofnarr war vor über 300 Jahren entlassen worden, weil er einer Tochter des Hauses einen Heiratsantrag gemacht hatte.

„Ich kann dir den Schlüssel zum Keller besorgen, mehr nicht. Ich habe hier schon genug Grauen erlebt. Mein Bedarf an Grusel ist für die nächsten 30 Jahre gedeckt."

Tim ließ nicht locker. Er war fest entschlossen, das Geheimnis von Schloss Glamis zu lösen.

„Unschuldige Menschen mussten schon sterben, und es werden weitere sterben, wenn wir nichts unternehmen!", rief er.

Er erschrak. Hatte der Kommissar nicht ähnlich gesprochen und ihn vor weiteren Nachforschungen gewarnt?

„Johns Tod darf nicht ungesühnt bleiben, ich werde das Rätsel um diesen Mord lösen. Das ist nur möglich, wenn wir das Geheimnis rund um den Schatz lüften."

Sally schien zu überlegen, dann stieß sie mit halb erstickter Stimme hervor:

„Wann?"

Nur langsam gewöhnten sich Tims Augen an die Dunkelheit. Totenstill war es hier. Hin und wieder hörte man einen von der Decke fallenden Wassertropfen auf dem felsigen Boden zerplatzen. Tim ließ den Strahl seiner Taschenlampe durch den unterirdischen Raum gleiten. Sally neben ihm fror erbärmlich, klapperte hörbar mit den Zähnen. Oder war es die Angst, die sie immer wieder in neuen Schüben erbeben ließ?

Tim spürte, dass ihn der Hauch einer anderen Welt, einer anderen Epoche traf. Er konnte sich dem Bann nicht entziehen. Sie befanden sich im Bauch des geheimnisvollen und rätselhaften Schlosses. Glamis Castle war im Laufe der Jahrhunderte oft verändert worden. Hier unten war die Zeit stillgestanden. Diese Gänge hatten die Jahrhunderte in ihrer ursprünglichen Form überdauert.

Ein Geruch nach Moder und Feuchtigkeit lastete drückend in dem Kellergewölbe. Der Felsboden war mit einer grünen glitschigen Schicht überzogen, so dass sie Acht geben mussten, nicht auszurutschen.

Jagdfieber hatte Tim gepackt. Er war der Lösung des Rätsels ganz nahe. Nur dieser eine Gedanke hatte in ihm Platz.

Der Keller ähnelte einer gewaltigen Höhle mit zahlreichen Seitengängen. So sehr sich Tim bemühte, er konnte in diesem weit verzweigten Netz von Haupt- und Verbindungsgängen kein System erkennen. Die Anordnung war ebenso verwirrend wie im oberirdischen Gebäudetrakt. Immer wieder blieb er stehen und versuchte sich den Grundriss des Schlosses in Erinnerung zu rufen.

In den Nischen standen alte Möbel und Weinfässer. Auch Kulissen, wie man sie bei Theateraufführungen verwendet. Tim versuchte sich den Weg einzuprägen, indem er sich die Gegenstände am Wegrand merkte.

Das Licht der Taschenlampen reichte nicht aus. Tim entzündete Fackeln, sofort malte das Flackern bizarre Muster an die Wände, die sich ständig veränderten. Sie kamen durch mehrere Gewölbe und befanden sich schließlich in einem langen Durchgang oder Tunnel. Er war durch Schutthaufen und Gesteinsbrocken, die von den bröckeligen Wänden gefallen waren, halb verlegt. Es war sehr feucht; das stehende Wasser und der unterirdische Moder stanken widerlich. Tims Füße plantschten mehr als einmal in kleine Pfützen hinein.

Sie erreichten einige Stufen, die in einem weiten Gewölbe endeten. Die Decke war mehrere Meter hoch und von einigen Rundbögen unterbrochen. Von hier führten Treppen in einen tiefer liegenden Gang. Plötzlich flatterte eine Fledermaus erschrocken auf, streifte Sallys Gesicht. Sie unterdrückte einen unwillkürlichen Schreckenslaut.

„Hier muss es sein", flüsterte Tim. „Über uns liegt der Ostflügel."

„Und?", fragte Sally. „Wir werden uns hier nichts holen außer einer starken Erkältung."

Das unheimliche Spiel von Licht und Schatten zuckte durch das Gewölbe. Tims Blick fiel auf einen Ziegelhaufen an der Wand. Als er näher trat, entdeckte er auf der sandigen Erde mehrere Fußabdrücke. Jemand hatte sich an dieser Stelle länger zu schaffen gemacht. Vielleicht waren die Ziegel aufgeschichtet worden, um etwas zu verbergen.

Mit Sallys Hilfe hatte er den Ziegelhaufen rasch abgetragen. Zum Vorschein kam ein Gang, von der Decke hingen spitze Felszacken herab. Tim ballte die Fäuste, blickte triumphierend zu Sally. Er war der Lösung des Rätsels einen großen Schritt näher gekommen. Hatten sie den Geheimgang zum Secret Chamber entdeckt?

Eine Treppe im freigelegten Gang führte steil nach oben. Es war, als stiegen sie eine Leiter hoch. Der Boden war bedeckt mit schmierigem Schlamm. Tim hatte das Gefühl, dass die lehmfarbenen Stufen unter seinen Füßen nachgäben.

Sally folgte ihm mit zitternden Knien. Nur mühsam kamen sie vorwärts.

Plötzlich blieb Tim stehen, etwas glitt über sein Gesicht. Er sah gerade noch, wie eine große langbeinige Spinne in einem Mauerriss verschwand. In seinen Haaren spürte er die klebrigen Fäden eines Spinnennetzes und wurde von Ekel geschüttelt. Sally befreite ihn von dem seidig schimmernden Geflecht.

Der Weg verengte sich zusehends. Schon nach wenigen Metern machte er einen scharfen Knick. Nach dieser Biegung war er plötzlich zu Ende. Gesteinsmassen waren von der Decke gefallen; Tim sah sofort, dass hier nichts zu machen war. Er setzte sich auf die Treppe, seufzte gequält auf und wollte vor Enttäuschung drauflosheulen.

„Du hast es versucht, du hast alles gegeben", versuchte ihn Sally zu trösten.

Beim Zurückgehen fiel Tims Blick in eine kleine Mauernische, die er zuvor übersehen hatte. Reflexartig tastete er mit der freien Rechten, untersuchte den sandigen Untergrund und hielt plötzlich eine Münze in der Hand.

„Silber!", rief Sally und wühlte nun ebenfalls im Sand, doch es kam nichts mehr zum Vorschein.

„Wir waren auf der richtigen Spur", meinte Tim enttäuscht.

„Wir sind bloß zu spät gekommen. Pech gehabt!", entgegnete Sally. Tim stieß einen Fluch aus, trommelte mit der Faust gegen die Wand.

„Hier war ein Versteck, da bin ich ganz sicher. Vielleicht ein riesiger Münzschatz. Jemand ist uns zuvorgekommen."

Sally wälzte sich unruhig in ihrem Bett und fand keinen Schlaf. Noch 35 Tage, dachte sie. Dann würde dieser Albtraum ein Ende haben, dann war die Hauptsaison geschafft! Durch die hohen Fenster fiel spärlich Mondlicht in ihr Zimmer, zauberte Schatten, die sich beim längeren Ansehen zu bewegen schienen.

Eine tiefe, beängstigende Unruhe quälte sie. Ihre Gedanken waren bei John. Sein grausamer Tod beschäftigte sie unaufhörlich, machte ihr das Leben auf diesem Schloss zur Hölle. Sally hielt ihren Kopf, als wollte sie die Gedanken zur Ruhe bringen, die darin herumschwirrten.

Plötzlich hörte sie am Gang Schritte, gleich darauf trommelte jemand mit beiden Fäusten gegen ihre Tür.

„Sally, mach auf, ich muss mit dir reden!"

Es war Tim. Schwer atmend und mit weit aufgerissenen Augen stand er vor ihr. Er schlotterte vor Angst wie im Fieberwahn. Sally starrte ihn ungläubig und wie betäubt an. Sein Gesicht war kalkweiß. Kaltes Entsetzen, Panik lag in seinen Zügen.

„Um Gottes willen, Tim, was ist geschehen?"

Sie zerrte ihn in ihr Zimmer, schloss die Tür. Tim wollte etwas sagen, atmete zitternd tief ein, schluchzte aber nur hilflos vor Angst und Verzweiflung. Seine nassen, dunkelblonden Haare klebten strähnig im Gesicht. Dann klammerte er sich an Sally, dass es ihr fast den Atem nahm. Nach und nach wurden seine Schluchzer zu abgehackten Sätzen:

„Ein Traum … vielleicht war es doch nur ein Traum. Aber alles war so echt, ich weiß nicht … Ich hörte plötzlich Schritte, dann stand jemand direkt neben meinem Bett. Er sagte, er sei Jimmy Clifford …"

„Du hast geträumt, das ist doch klar!", schrie Sally und rüttelte ihn. Das Beben von Tims Körper, seine eiskalten Hände jagten ihr eine Gänsehaut nach der anderen über den Rücken. Während sein Entsetzen wie ein eisiger Windhauch auf sie übergriff, brüllte Sally:

„Jimmy Clifford ist tot! Sogar im Dorf weiß jeder, dass er tot ist!"

Tim schüttelte verneinend den Kopf.

„Jimmys Geist war in meinem Zimmer. Sein Gesicht kam

mir wie mit Wachs bestrichen vor, aus den Augenhöhlen hat es gelblich geleuchtet. Da war plötzlich ein Geruch nach Moder und Fäulnis im ganzen Raum. Er sagte mir, er müsse ruhelos immer wieder an den Ort des Verbrechens zurückkehren. Mein Gott, Sally, was soll ich tun? Er wird sicher wieder kommen."

Sally zerrte Tim zu ihrem Bett und stülpte die Decke über ihn. Allmählich ließ das Zittern und Beben nach.

„Tim, du musst weg von hier. Du kannst unmöglich hier bleiben. Das hältst du nicht mehr aus!"

Tim schien ihre Worte nicht zu hören. Abwesend stierte er ins Leere.

„Ich habe Jimmy gefragt, wer ihn aus dem Fenster gestoßen hat. Wer John ermordet hat. Er hat mir keine Antwort gegeben. Die Bibliothek ... Er hat immer von der Bibliothek gesprochen. Dort würde ich erfahren, wer der Mörder sei ... Mein Gott, Sally. Einen solchen Albtraum habe ich noch nie gehabt. Es war so schrecklich!"

„Dieses verdammte Schloss wird dich noch umbringen, wenn du nicht verschwindest!", schrie Sally.

Tim vergrub sein Gesicht in den Händen und stöhnte gequält.

„Jimmy hat noch gesagt, dass mich John schon bald besuchen werde. Sally, ich habe solche Angst!"

Allmählich hatte sich Tim wieder in der Gewalt. Sein Atem ging ruhig und gleichmäßig:

„Sally, könnte es sein, dass John gar nicht tot ist? Niemand, außer Lennox und dem Kommissar, hat seine Leiche gesehen. Sogar ich habe damals in der Dunkelheit nicht erkennen können, dass John vor mir auf dem Boden lag."

„Das ist doch Schwachsinn", unterbrach ihn Sally. „Du

hast selber gesehen, wie sie ihn verscharrt haben. Warum sollte uns jemand eine derart schlechte Komödie vorspielen? Wem sollte diese miese Show nützen?"

„Wir könnten uns Klarheit verschaffen und zwischen den Buchsbaumhecken nach Johns Leiche suchen. Ich kenne ja die Stelle sehr genau."

„Das kommt überhaupt nicht in Frage!", schrie Sally. „Du willst dich wohl vollkommen verrückt machen. Schluss jetzt, kein Wort mehr von John. Du hast schlecht geträumt, das ist alles."

„Ich glaube, dass ich allmählich den Verstand verliere. Es kann nicht mehr so weitergehen."

Tim wollte sich erheben, Sally hielt ihn zurück.

„Du bleibst jetzt hier liegen. Ich schlafe dort auf dem Sofa. Morgen sieht die Welt wieder anders aus."

Sie drückte ihm einen raschen Kuss auf die Stirn und streichelte über sein Haar.

„Sally?"

„Ja."

„Danke für alles."

„Ist doch klar, alter Kumpel."

Tim stöhnte noch einige Male auf, dann war er eingeschlafen. Es war wieder still in ihrem Zimmer. Eine Stille, in der Sally nicht zu atmen wagte. Jimmy Clifford, John – schreckliche, wirre Bilder jagten mit großer Geschwindigkeit durch ihren Kopf. Sie legte sich auf das Sofa und versuchte, ruhig und gleichmäßig zu atmen. Plötzlich sprang sie auf, sie hatte vergessen, die Tür zu versperren.

Ich glaube, dass ich auch allmählich überschnappe, schoss es ihr durch den Kopf. Nach und nach zerbröckelte die Spannung in ihr, machte einem beklemmenden Gefühl völliger Hilflosigkeit Platz. Sie hoffte, dass diese Nacht bald ein Ende nehmen und sich mit dem Tageslicht auch ihre Ängste verflüchtigen würden.

Auf einmal hörte Sally leise Motorengeräusche. Es war zwei Uhr Früh, wer mochte da noch unterwegs sein?

Der Wagen fuhr im Schritttempo und ohne Licht. Beim Näherkommen erkannte Sally, dass es ein Ambulanzwagen war, er näherte sich dem Westflügel. Dann war er ihren Blicken entschwunden.

Merkwürdig, dachte sie. Warum fährt ein Notarztwagen zu einem leeren Gebäudeteil? Noch dazu ohne Licht und um diese Zeit? Was sollte hier geheim gehalten werden?

Schon kurze Zeit später kam das Fahrzeug zurück. Auf halber Höhe der Eichenallee, in der Nähe des Taubenschlages, beschleunigte es. Erst nach dem schmiedeeisernen Tor gingen die Lichter an und der Wagen entfernte sich in großer Eile Richtung Perth.

Kapitel

Auch am nächsten Tag war Tim nicht klar, ob die Begegnung mit Jimmy Clifford bloß ein Traum oder Wirklichkeit war. In seinem Zimmer roch es noch immer unverkennbar nach Moder. Es war, als sei er plötzlich durch die Zeit gefallen, als sei die Welt der Toten für ihn so greifbar wie die Welt der Lebenden.

König Malcolm, Macbeth, die Green Lady und Archibald schienen sich in seinem Zimmer zu einem gespenstischen Tanz zu versammeln. Ihr Geflüster war um ihn und hing in der Luft wie träge sich kräuselnder Zigarettenrauch. Schon seit Wochen überschwemmten sie sein Gehirn mit finsteren Bildern und unheimlichen Botschaften. Mein Gott, dachte er, seit drei Wochen nichts als Horror und blutrünstige Geschichten. Das hält kein Mensch aus, dabei muss man ja verrückt werden, ich muss weg von hier!

Dazu kamen die unheimlichen Geräusche dieses verwunschen Schlosses. Oft glaubte er, die vielen schrecklichen Geräusche, die ihn seit Wochen quälten, alle auf einmal zu hören: Stöhnen und Knarren, das Pfeifen des Windes in den Giebeln, das Geklapper der Dachsparren, das Heulen des Hundes, den er nirgends sehen konnte.

In solchen Momenten schienen auch die riesigen Eichen wie mit Händen nach ihm zu greifen, ihn aus dem Fenster des Turmzimmers in die Tiefe reißen zu wollen.

Tim fasste sich an die heiße Stirn, er fühlte sein schweiß-nasses Hemd am Körper kleben. Er presste die Hände kräftig gegen den pochenden Schädel. Ein Gedanke jagte den anderen. Sie wirbelten wild durcheinander, ohne dass er sie kontrollieren konnte.

War er tatsächlich auf dem besten Weg, verrückt zu werden? Hatte er sich bereits unrettbar in diesem dämonischen Netz verstrickt?

In wenigen Minuten sollte er die nächste Gruppe durchs Schloss führen.

Er fühlte, dass er am Ende seiner Kräfte angelangt war. Diese eine Führung wollte er noch machen, dann war Schluss!

Als er beim Treppenaufgang angelangt war, beschlich ihn wieder das Gefühl, intensiv beobachtet zu werden. Es war so stark, dass er sich sogar umdrehte, ohne jemanden zu entdecken. Er musste sich mitten auf der Treppe an das Geländer klammern, denn die Beine drohten unter ihm wegzuknicken.

Die Gruppe hatte vor der ersten Station der Schloss-führung, dem Speisesaal, Aufstellung genommen. Tim wechselte einige unverbindliche Worte, fragte nach Herkunfts-ländern und bisherigen Reisezielen. Plötzlich hörte er, wie nicht weit von ihm entfernt ein Junge mit Baseballkappe sagte: „Hey Dad, ist er das? Ist das Tim Fraser?"

Woher kannte der Junge seinen Namen? Er trug kein Namensschild; Stan Polanski machte an der Kasse keine Angaben zur Person des jeweiligen Führers. Warum schwang in der Frage des Jungen so viel Bewunderung mit?

Hauptanziehungspunkte des Speisesaales waren der kunstvolle Kamin und die aufwändig gestaltete Stuckdecke, die mit den königlichen Disteln Schottlands, den Rosen Englands und den Löwen der Familie Strathmore und Kinghorne verziert war. Der Tisch war mit dem Porzellan, Besteck und Glasgeschirr des 13. und 14. Grafen gedeckt.

Während Tim sprach, wurde er das Gefühl nicht los, dass ihn die Touristen überaus neugierig und amüsiert beobachteten. Sie schienen sich außerdem kaum für seine Ausführungen zu interessieren. Kaum jemand schenkte dem schönsten Möbelstück des Castles, einem flämischen Schmuckschrank aus dem 17. Jahrhundert, Beachtung.

Nach dem Salon mit seinem zartrosa Anstrich und dem riesigen Familienportrait, das den 3. Grafen mit seinen Söhnen und Jagdhunden zeigte, ging's hinab in die Gruft.

Auf dem Gang sah Tim sein Gesicht in einem Spiegel und erschrak so sehr, dass er stehen blieb, um es genauer zu betrachten. Da lag ein unübersehbarer Ausdruck des Schreckens in den Zügen. Das war nicht mehr sein Gesicht, sondern eine verzerrte Maske der Angst.

„Dieser Teil ist einer der ältesten und unheimlichsten des ganzen Gebäudes", erklärte er wenig später. „Die enorme Dicke der Gruftmauern lässt sich durch einen Blick auf die Fenster beurteilen. Und diese Mauern bergen ein schreckliches Geheimnis."

Tim griff in eine versteckte Nische und schaltete das Tonband ein. Das Stöhnen, Ächzen und Würgen Archibalds schreckte die Touristen sichtbar auf.

Plötzlich befand sich in der Reisegruppe ein neues Gesicht. Der Mann neben der Säule sah dem ermordeten John täuschend ähnlich. Er hatte ihn zuvor mit Sicherheit nicht durch die bisherigen Räume geführt. Tim sprach plötzlich langsam, abgehackt, wischte sich mit fahrigen Bewegungen über die Stirn. Die Ähnlichkeit war verblüffend. Verdammt, sah er jetzt schon am helllichten Tag Gespenster?

Tim kniff sich heftig ins Ohrläppchen. Ja, er war bei Bewusstsein, kein Zweifel. Dort stand John. Er trug dasselbe gelbe T-Shirt, mit dem man ihn stets bei der Gartenarbeit antreffen konnte. Auf dem auffallenden Kleidungsstück prangte der Name einer schottischen Gärtnervereinigung. Tim presste seine Hand gegen die rissige Mauer, um den Schmerz zu spüren. Nein, diesmal war es kein Traum. Das war ganz ausgeschlossen!

„John … John!", stammelte er und wandelte wie in Trance auf den Mann neben der Säule zu. Die Touristen beobachteten dieses Schauspiel mit wachsender Verwunderung. Zunächst glaubten sie noch an eine gekonnte schauspielerische Einlage, doch nun erkannten sie, dass mit ihrem Guide etwas nicht stimmen konnte.

Tim war nun ganz nahe. Jetzt erkannte er auch Johns Halskette mit dem großen silbernen Kreuz.

„Ich bin nicht John. Es tut mir Leid, Sir. Sie müssen mich mit jemandem verwechseln", meinte der Tourist mit einem verlegenen Lächeln.

„Du bist also doch nicht tot. Du bist zurückgekehrt", beharrte Tim. Er berührte seinen Arm, seine zitternde Hand näherte sich dem Gesicht.

Der Mann wich verstört zurück.

„Mein Name ist Peter Galaway", meinte er schüchtern.

Tim ließ sich von diesen Einwänden nicht beirren. Plötzlich packte er den Mann mit beiden Händen, rüttelte und schüttelte ihn und brüllte dabei unablässig:

„Sie sind John! Sie sind John McAllister! Ich weiß, dass Sie es sind!"

Der Mann versuchte sich verzweifelt aus Tims Umklammerung zu befreien.

„Ich bin irischer Staatsbürger und zum ersten Mal in Schottland. Sie können mich nicht kennen, Sir!", wimmerte er.

„Sie Lügner, Sie verdammter Lügner!", brüllte Tim.

Ein heftiger Kampf entbrannte.

Sally schaltete den Staubsauger aus, allmählich kehrte die Stille in den Raum zurück. Das mittelalterliche Gerät entwickelte einen höllischen Lärm. Ihre Gedanken schweiften zum morgendlichen Gespräch mit Verwalter Lennox. Sie hatte ihn auf das geheimnisvolle nächtliche Fahrzeug angesprochen. Lennox hatte sichtbar irritiert reagiert und beteuert, nichts von einem Ambulanzfahrzeug zu wissen. Niemand im Schloss sei zu Schaden gekommen, ein derart beschriebener Rettungseinsatz – noch dazu um diese Zeit – sei „absurd und an den Haaren herbeigezogen".

Auch die nächtliche Begegnung mit Tim ging Sally nicht aus dem Kopf.

Sie hatte ihm am Morgen geraten, sich krank zu melden, sich wenigstens einen Tag Erholung zu gönnen, doch Tim hatte sich nicht überreden lassen.

Sally war vollkommen in Gedanken versunken, als sie im Nachbarraum Schritte hörte. Sie stutzte, die Geräusche kamen aus einem Raum, der zum Wohnbereich des Grafen zählte. Wer mochte hier herumschleichen? Ein Einbrecher? Johns Mörder?

Ein Schlüssel drehte sich im Schloss, die Tür ging langsam auf. An Flucht war nicht zu denken, Sally suchte Deckung hinter einem breiten Mahagonitisch. Ein junger Mann mit langen Haaren und blauem Overall betrat den Raum, blickte sich vorsichtig um.

„Was wollen Sie hier?", schrie Sally und schnellte hoch. „Was haben Sie hier zu suchen?"

Der junge Mann ließ vor Schreck einen Gegenstand fallen. Sally hörte das Splittern von Glas.

„Oh, Entschuldigung, es tut mir Leid!", stieß der Fremde hervor und ergriff augenblicklich die Flucht.

„Wer sind Sie?", rief ihm Sally nach.

Sie hatte keine Chance, die Verfolgung aufzunehmen. Sie rüttelte an der Türklinke – verschlossen! Zu diesem Raum fehlte ihr der Schlüssel. Sie wandte sich dem Gegenstand zu, den der Langhaarige fallen gelassen hatte. Das Ding sah aus wie ein Scheinwerfer, ähnelte den Beleuchtungskörpern, die für den Ghost Walk verwendet wurden.

Sie musste diesen Vorfall sofort dem Verwalter melden. Vielleicht war es möglich, den Fremden noch zu schnappen.

Plötzlich wurde ihr bewusst, dass sie eine Aufschrift am Rücken des Flüchtenden erkannt hatte. Diese beiden Worte am blauen Overall hatte sie doch schon oft gesehen. Und zwar im Vorjahr, als sie in London war. Den Schriftzug konnte man an belebten Plätzen der City nicht übersehen. In welchem Zusammenhang war ihr dieser Name bekannt?

Mit einem Mal erfasste Sally ein Schwindel und sie ließ sich auf ein Sofa fallen. Es war der Name einer bekannten Londoner …

Plötzlich ergab alles einen Sinn. Der Mord an John. Die Sache mit dem Schatz, Tims nächtliche Begegnung mit Jimmy Clifford …

Sie musste es sofort Tim sagen. Er war in höchster Gefahr! Sally schnappte den kaputten Scheinwerfer und rannte los. Nur ein krankes Gehirn kann sich diese Geschichte ausgedacht haben, schoss es ihr durch den Kopf. Kein Wunder, dass Tim am Rande eines Zusammenbruchs stand. Hoffentlich kam sie nicht zu spät!

Die Besuchergruppe befand sich gerade in der Gruft. Als Sally näher kam, sah sie Tim völlig verstört neben einer Säule stehen.

„Tim, ich muss mit dir reden. Sofort!", schrie sie aus Leibeskräften.

Jetzt erst erkannte sie, dass Tim von mehreren Touristen festgehalten wurde. Dann ging alles rasend schnell. Ein Teil der Gruppe drängte Sally ab, plötzlich erschienen Lennox und Polanski und zerrten Sally aus dem Raum. Der Butler hielt ihr mit einer Hand den Mund zu. Der andere Teil der Gruppe scharte sich um Tim, ließ ihn nicht entkommen.

Tim stand wie betäubt. Was hatte Sally ihm mitteilen wollen? Warum wurde sie vom Verwalter daran gehindert? Warum war John plötzlich wieder verschwunden?

Es ist so weit, fuhr es Tim durch den Kopf. Ich habe den Verstand verloren. Irgendwann musste es so kommen. Das waren die letzten Gedanken, die in seinem getrübten Bewusstsein aufflammten.

Dann legten sich weiche, graue Schatten über ihn und er

hatte das Gefühl, in einen unendlich tiefen Schacht zu stürzen.

„Sollen wir einen Arzt verständigen?", hörte er jemanden sagen.

Dann schallte die unverwechselbare Stimme des Hexers durch die Gruft:

„Entschuldigen Sie, Ladies and Gentlemen, mein junger Kollege ist mit den Nerven am Ende. Kein Wunder, es ist Hauptsaison. Mister Fraser braucht jetzt wohl eine längere Pause!"

Am nächsten Tag saß Tim zerknirscht im Büro von Verwalter Lennox.

„Gestern sind einige bedauerliche Dinge geschehen. Du hast einen irischen Touristen attackiert und sein T-Shirt zerrissen. Ich habe dem Mann den Schaden ersetzt und mich entschuldigt. Der Arzt hat dir eine dreitägige Pause verordnet. Ich hoffe, du fühlst dich bereits besser."

Tim schwieg. Die Geschehnisse der vergangenen Stunden hafteten noch zu stark in seinem Gedächtnis und machten ihn stumm.

Zuerst der geisterhafte Jimmy Clifford mitten in der Nacht, dann der leibhaftige John am helllichten Tag. Er konnte sich diese trughaften Erscheinungen nur so erklären, dass ihm seine völlig überreizten Nerven einen Streich nach dem anderen spielten.

„Natürlich ist jetzt am wichtigsten, dass du dich wieder vollkommen erholst. Deine Gesundheit hat absoluten Vorrang."

Dieses schleimige Mitgefühl kann sich der Kerl sparen, dachte Tim. Die vielen undurchsichtigen Vorgänge in diesem Schloss hatte allein er zu verantworten. Bald würde er diesen Menschen entlarven.

„Mister Lennox, was geht hier vor?", sagte er mit brüchiger Stimme. „Was haben Sie mit Sally gemacht?"

Der Verwalter saß mit todernster Miene hinter seinem Schreibtisch und dämpfte seine Zigarre aus.

„Tim, es ist etwas sehr Trauriges geschehen. Sallys Vater … Er hatte einen schweren Verkehrsunfall. Gestern hat uns Sallys Mutter benachrichtigt, dass …"

„Wo ist Sally?", fiel ihm Tim ins Wort und versuchte vergeblich, seiner Stimme Festigkeit zu verleihen. „Sie hat mir etwas Wichtiges mitteilen wollen. Was habt ihr mit ihr getan?"

„Die arme Sally ist völlig ausgerastet, als sie die schreckliche Nachricht bekommen hat. Sie ist durchs Schloss gelaufen und hat im Schock wie am Spieß geschrien. Stan Polanski und ich haben versucht, sie zu besänftigen."

„Wo ist Sally jetzt, ich möchte sie sprechen!", beharrte Tim.

„Sally ist sofort abgereist. Polanski hat sie nach Hause gebracht. Die Sache ist höchst bedauerlich. Sally war eine große Stütze des Hauses."

„Hat sie nicht einmal eine Nachricht für mich hinterlassen? Hat sie nicht ersucht, mir etwas auszurichten?"

„Es tut mir Leid. Alles ist so rasch gegangen. Sally war in größter Sorge um ihren Vater. Du wirst bestimmt bald von ihr hören."

Die Bibliothek war ein prachtvoller Raum mit gewölbter, hölzerner Decke. Die Wände waren in Zedernholz mit Elfenbein-Einlegearbeiten ausgestattet. Gegründet hatte sie der 8. Graf, Lordkanzler von Schottland und Großsiegelbewahrer.

Der Raum wurde gerade restauriert und war bis vor zwei Jahren noch eine wichtige Station bei Schlossführungen. Die Fensterseite war mit Metallträgern eingerüstet, auf dem Boden lagen Abdeckplanen und Metallrohre.

Der Schlüssel zur Lösung des Rätsels liege hier, in der Bibliothek, hatte Jimmy Clifford gesagt. Inzwischen war Tim klar geworden, was er damit gemeint haben könnte. Er glaubte nun, den Täter zu kennen. Doch es fehlte ihm noch der entscheidende Beweis, das letzte Puzzlestück, um das Bild vom Täter klar und vollständig erscheinen zu lassen.

Tim hatte die letzten drei Tage, in denen er von den

Führungen befreit war, gut genützt und eine wichtige Entdeckung gemacht. Nun galt es, rasch zu handeln, den Täter so schnell wie möglich zu überführen.

Von Sally hatte er in den vergangenen Tagen keine Nachricht erhalten. Sie war für ihn verschwunden, als hätte es sie nie gegeben. Und er konnte ihr kein Zeichen geben, kein Signal – nichts. Tim fühlte sich so verloren und allein wie ein aus dem Nest gefallener Vogel.

Sally hatte herausgefunden, wer John ermordet hat, so viel stand für Tim fest. Sie musste verschwinden, Lennox und Polanski hatten keine andere Wahl. Hatte man sie ebenso ermordet wie John, wie Jimmy Clifford? Bei diesem Gedanken wurde Tim von eisigem Entsetzen gepackt. Wenn er jetzt dieses Rätsel nicht lösen konnte, war mit Sicherheit er das nächste Opfer in diesem mörderischen Reigen.

Tim wandte sich den Regalen zu. Seine Finger glitten über breite Buchrücken. Fast bei jedem Band, den er aus dem Regal nahm, musste er niesen und wirbelte Staubwölkchen auf. Einige der 7.000 Bücher stammten aus dem Spätmittelalter, die handgeschriebenen Exemplare galten als kostbare Rarität. Die meisten Bände des 17. und 18. Jahrhunderts waren philosophische und historische Werke, verfasst in mehreren Sprachen.

Die Schottenkönigin Maria Stuart hatte Glamis 1564 besucht und in den Räumen der heutigen Bibliothek genächtigt. Sie war damals gerade nach Norden unterwegs, um sich persönlich an der Unterdrückung des Aufstandes der Gordons unter dem Grafen von Huntly zu beteiligen.

Plötzlich kam Tim eine ganze Serie von Buchrücken bekannt vor. Sie hatten denselben dunkelgrünen Ledereinband wie das Visitors' Book, das beim Ausgang auflag. In diese Bücher trugen sich die Touristen am Ende einer Besichtigungstour ein. Hier standen alle Besucherbücher seit dem Jahre 1950. Damals hatte der 12. Graf das Schloss für die Öffentlichkeit zugänglich gemacht. Nach diesen Bänden, die detaillierte Angaben zu den Besuchern und Theateraufführungen enthielten, hatte Tim gesucht.

Hier war die Ausgabe von 1980. Das Foto zeigte die Mitwirkenden beim Ghost Walk. Tim erkannte den Hexer – er hatte schon damals unheimlich ausgesehen. Dieses Bild half Tim nicht weiter, er musste noch weiter zurückgehen. Hastig blätterte er die Seiten im nächsten Band, dann wurden seine Blicke starr: Er entdeckte einen Zeitungsbericht, der einem Foto beigefügt war:

„In der Rolle des Archibald glänzte …"

Tim fühlte, wie sein Herz raste. Er glaubte, in seinem Schädel würde etwas Heißes explodieren. Wie elektrisiert sprang er von seinem Stuhl. Also doch, sein Verdacht war nicht unbegründet gewesen.

Plötzlich hörte er am Gang Schritte, die Tür wurde geöffnet. Vor ihm stand Kommissar Tucker.

„Hier steckst du also. Ich habe dich überall gesucht. Es gibt noch einige Fragen zu klären. Ich denke, dass ich den Fall in spätestens drei Tagen gelöst habe."

„Sie können sich die Mühe sparen. Ich weiß inzwischen, wer der Mörder ist."

„Du weißt es? Schieß los!"

„Erinnern Sie sich an den Nachmittag vor vier Wochen, als ich Ihnen erstmals begegnet bin?"

Tucker nickte.

„Sie waren mit Ihrem Neffen hier. Nach der letzten

Führung haben Sie Wiedersehen mit Ihren alten Bekannten gefeiert. Ich war ziemlich betrunken und hatte das Tourist-booklet mit der Zeichnung vom Ostflügel liegen gelassen. Jeder der Anwesenden hätte es an sich nehmen können."

„Das hast du bereits erzählt. Diese Tatsache hat uns nicht weitergeholfen."

„Ich bin nun überzeugt, dass Sie die Skizze gefunden und mitgenommen haben."

„Das wäre theoretisch möglich. Ich könnte sie irrtümlich eingesteckt haben. Nur: Was sollte ich damit anfangen?"

Tim räusperte sich, jetzt war es an der Zeit, den Knoten zu entwirren.

„Sie sind im Schloss aufgewachsen, Ihr Vater war lange Zeit hier Butler. Sie kennen hier jeden Winkel, haben seit frühester Jugend in allen Gebäudeteilen herumgestöbert. Wahrscheinlich besitzen Sie sogar einen Nachschlüssel vom Ostflügel."

Tucker lächelte, ließ sich nichts anmerken. Fragend zog er die Augenbrauen hoch.

„Das klingt alles irgendwie logisch. Wie soll ich aber zu dem Haarmonster-Kostüm gekommen sein? Es ist doch schwer möglich, dass ich mich für den Mord extra umgezogen und das Kostüm nachher wieder an seinen Platz zurückgegeben habe."

„Diese Frage beschäftigt mich seit etwa drei Tagen. Ich denke, ich habe jetzt den notwendigen Beweis."

Tim hob das Buch mit der aufgeschlagenen Seite und hielt es dem Kommissar entgegen.

„Ein altes Visitors' Book, was soll das?"

„Es stammt aus dem Jahre 1969. Erinnern Sie sich nicht mehr? Sie haben damals die Rolle Archibalds im Ghost Walk gespielt. Das Kostüm ist damals verschwunden. Man hat es in Edinburgh neu anfertigen müssen, wie wir alle wissen. Ich bin mir ziemlich sicher, dass Sie der Besitzer dieses zweiten Kostüms sind. Sie haben diese Verkleidung ganz bewusst gewählt. Erstens, um unerkannt zu bleiben, und zweitens, um den Verdacht auf einen der Schlossbewohner zu lenken."

Der Kommissar stand wie erstarrt. Er machte einen tiefen, gequälten Atemzug.

„Da ist noch etwas", meinte Tim und griff in seine Sakkotasche. „Kommt Ihnen diese Silbermünze bekannt vor? Sie stammt aus dem Münzschatz, den Jimmy Clifford in der Nische eines Geheimgangs entdeckt hat. Ich war mit Sally dort, diese Münze ist im Versteck zurückgeblieben."

Grenzenloses Staunen machte sich im Gesicht des Kommissars breit.

„Woher willst du wissen, dass Jimmy einen Schatz entdeckt hat?"

Triumphierend schwenkte Tim ein schmales Buch mit rotem Einband.

„Ganz einfach, ich habe sein Tagebuch gefunden. Jimmy hatte es zwischen den alten Büchern im Turmzimmer versteckt, da er wusste, dass er sich nach seiner Entdeckung in höchster Gefahr befand."

„Der Kerl hat ein Tagebuch geführt?", sagte der Kommissar leise, wie zu sich selbst.

„Die letzte Eintragung vom 10. August des Vorjahres lautet: Morgen kommt Kommissar Tucker aus Dundee, und ich werde ihm den Münzschatz übergeben."

Tim legte das Tagebuch beiseite und fuhr in gehetztem Tonfall fort:

„Sie haben ihn kaltblütig getötet und die wertvollen

Münzen an sich genommen. Als zuständiger Kommissar der Grafschaft Angus haben Sie den Fall übernommen und den Mord als Unfall eines Drogensüchtigen getarnt."

Der Kommissar schwieg. Er hatte die Zähne zusammengebissen und irgendetwas im Glitzern seiner Augen verriet Tim sofort seine Absicht.

Dann sah er plötzlich etwas aufblitzen und blickte in die Mündung einer Pistole.

„Du lässt mir keine andere Wahl, es tut mir Leid!"

Tim taumelte zurück zur Wand, seine Hände verkrallten sich in den Buchrücken. Tucker entsicherte die 38er mit dem Daumen. Tim begann zu wimmern, hielt eine Hand in einer verzweifelten Geste des Abwehrens vor den Kopf. Plötzlich ließ der Kommissar die Pistole sinken, hob ein Eisenrohr vom Boden auf und warf es Tim zu:

„Schlag zu, Tim! Sei kein Feigling. Alles soll echt aussehen. Ich habe in Notwehr gehandelt. Du hast mich angegriffen, und ich habe dich erschossen. Schlag zu, wie damals. Worauf wartest du? Bringen wir es hinter uns."

Tucker brach in irres Gelächter aus und wartete auf den Angriff. Tim traf ihn an der Hüfte, doch der Kommissar war blitzschnell zur Seite gewichen und hatte dem Schlag einiges an Wucht nehmen können. Zwei weitere Schläge trafen Tims Widersacher an den Armen und Beinen. Tucker wich immer weiter zurück, den Lauf der Pistole unverwandt auf Tim gerichtet, dazu stieß er sein irres Gelächter aus.

„Schlag zu, Tim. Das ist deine letzte Chance!"

Jetzt wird er abdrücken, fuhr es Tim durch den Kopf. Auf einmal konnte er in den Gesichtszügen seines Peinigers eiskalte Entschlossenheit erkennen. Es ist vorbei. Wenn ich ihn nicht entscheidend treffe, bin ich tot. Er holte weit aus, zielte auf den Kopf des Kommissars, doch plötzlich verlor er auf der Abdeckplane unter seinen Füßen den Halt und fiel zu Boden. Das schwere Eisenrohr entglitt ihm und rollte dröhnend quer durch den Raum. Der Kommissar kam laut lachend auf ihn zu. Tränen der Wut, der Hilflosigkeit traten Tim in die Augen.

In diesem Moment flog die Tür auf. Ein kräftiger Windzug fuhr durch den Raum.

Im Halbdunkel näherte sich eine in weiße Gewänder gehüllte Gestalt. Der Gang der Mumie war schlurfend wie der eines gebrechlichen, alten Mannes. Johns Körper war noch nicht ganz verwest. Teile seiner Wangen waren noch vorhanden. Strähnige weiße Haare hingen bis auf die knochigen Schultern. Die dünne Haut spannte sich wie Pergament um den Schädel. John war eingehüllt in ein wallendes, knöchellanges Totenhemd, aus dem halb verweste Hände kurz hervorlugten.

„Tucker, du miese Kröte!"

Die Worte kamen aus einem Mund, der eine klaffende Höhle mit einigen wenigen Zähnen war. Der Kommissar wich entsetzt zur Wand zurück.

„Bleib, wo du bist, John! Komm keinen Schritt näher, ich drücke ab."

„Du kannst mich nur einmal töten, du Schwachkopf!", höhnte die Mumie. In den tiefen Augenhöhlen loderte ein unheimliches Feuer auf.

„Du vergisst, dass ich bereits tot bin. Du wirst mir jetzt nachfolgen. Jetzt ist deine Zeit gekommen."

Tim lag noch immer auf dem Boden, den Mund zu einem lautlosen Schrei geöffnet. Der widerliche Modergeruch rief ihm die Begegnung mit Jimmy Clifford in Erinnerung.

„Und jetzt fahr zur Hölle, Tucker!"

Die Mumie hielt plötzlich ein Gewehr in den knochigen Händen, das sie unter dem wallenden Totenhemd verborgen gehalten hatte. Tim erkannte es sofort, es war die Elefantenbüchse des 12. Grafen, die in der Halle zwischen den Großwildköpfen hing. Donnernd entluden sich die beiden Läufe, Tucker wirbelte herum, dann wurde er wie von einer Riesenfaust gegen die Wand geschleudert. Tim sah, wie sich die Züge des am Boden liegenden Kommissars zu einer Fratze verzerrten. Aus seinem Mund drangen seltsame, halb erstickte Laute. Sein rechter Arm war merkwürdig verdreht, so als gehörte er gar nicht zu ihm.

Die Mumie betrachtete zufrieden ihr Werk und wandte sich zur Tür.

„John, geh nicht fort!", flehte Tim. „Du kannst mich doch nicht hier mit dem toten Kommissar zurücklassen."

„Es tut mir Leid, Tim. Ich muss zurück. Ins Reich der Toten. Meine Kraft geht dem Ende zu. Archibald hat mir seine Energie geliehen. Er liegt nur wenige Meter von mir entfernt bestattet."

Mit diesen Worten drückte er Tim die Elefantenbüchse in die Hände und verschwand.

Am Gang war plötzlich die Hölle los. Überall flogen Türen auf, jemand stürzte die Treppe herunter.

„Mein Gott, er hat ihn erschossen", hörte Tim jemanden sagen.

„Die Polizei, man muss sofort die Polizei rufen!"

„Nehmt ihm das Gewehr aus der Hand, sonst geschieht noch mehr Unheil!"

Nach wenigen Augenblicken war Tim aus seiner Erstarrung erwacht.

Er warf das Gewehr zur Seite und lief zur Tür, durch welche die Mumie entwichen war. Von hier war es nicht weit bis zum Ausgang der Nordseite.

Fort! Weg von hier! Nur dieser Gedanke hatte in seinem dröhnenden Schädel Platz. Vor dem steinernen Treppenportal versperrte ihm ein Polizist den Weg.

„Tim Fraser, ich verhafte Sie wegen Mordes an Kommissar Tucker!"

Tim gelang es, ihn zur Seite zu stoßen, doch plötzlich tauchten Polanski und Jonathan vor ihm auf, die eine Abkürzung genommen hatten, und zwangen ihn zu Boden. Der Uniformierte griff nach den Handschellen.

Tim brüllte wie am Spieß, sein Gesicht glühte, Schweißtropfen glitzerten auf seiner Stirn. Dann beugte sich jemand über ihn, riss an seinem Hemdsärmel, die Nadel einer Injektionsspritze näherte sich seinem Oberarm.

„*Nein!*"

Das Wort entfuhr Tim als gellender Schrei. Er bäumte sich ein letztes Mal auf und fühlte wenig später eine bleierne Schwere, die sich wohltuend im ganzen Körper breit machte. Die Muskeln erschlafften, Tim fühlte sich unendlich müde.

„Sie sind verrückt", hörte er den Polizisten sagen. „Ganze 88 Prozent verlangen eine Fortsetzung. Wie können Sie ihn hier niederspritzen?"

„Ihre Prozente sind mir scheißegal", hörte Tim durch den Nebel, der sich über seine Blicke gelegt hatte. „Der Bursche ist zu 100 Prozent am Ende, das sieht ein Blinder."

„Wir müssen in spätestens 15 Minuten nach dem Werbeblock weitermachen!", brüllte der Polizist.

„Ich bin hier der verantwortliche Arzt, hier entscheide ich, das Leben eines jungen Menschen steht auf dem Spiel!"

„Machen Sie ihn mit Aufputschmitteln wieder fit!“, befahl der Uniformierte. „Die Show muss weitergehen!“

„Halten Sie endlich den Mund und scheren Sie sich zum Teufel!“, entgegnete der Arzt.

Der Polizist packte Tim beim Arm und führte ihn ins Freie. Egal, was er mit mir anstellt, Hauptsache, er bringt mich fort von hier, schoss es Tim durch den Kopf.

Plötzlich machte sich lautes Dröhnen breit. Am Beginn der Eichenallee stand ein startbereiter Hubschrauber.

„Wohin bringen Sie mich?“

„Nach London. Dort willst du ja hin, in zwei Stunden bist du dort!“, brüllte der Polizist gegen den Rotorlärm.

Als sich der Hubschrauber in die Lüfte schwang, erkannte Tim eine Menschenmenge außerhalb des Schlossgeländes und es wurde ihm bewusst, dass es sich hier nicht um Touristen handeln konnte. Die Luft im Hubschrauber war heiß und stickig. Der Polizist entledigte sich seiner Uniformjacke und wischte sich den Schweiß von der Stirn. Tims Blicke wurden starr. Der Mann trug unter der Uniform ein T-Shirt mit dem geschwungenen orangen „S“, dem Kennzeichen von „SuperView“. Jetzt verstand Tim überhaupt nichts mehr.

„Wer sind Sie?“, fragte er leise und eindringlich.

„Ich bin Tobias", antwortete der falsche Polizist. „Der Regisseur dieser größten und erfolgreichsten Realityshow. Wir haben dir viel zu verdanken. Durch dich wurde ‚Castleshocker' die beliebteste Show mit traumhaften Quoten."

Tobias deutete zum Schloss, das kleiner und kleiner wurde.

„Hast du soeben die Menschenmassen dort unten gesehen? Für diese Leute bist du ein Held, ein neuer Star."

„Alles war bloß ein Spiel?", murmelte Tim.

„Im Schloss waren mehr als 200 Kameras installiert. Das ganze Castle war ein gewaltiges Studio. Jede deiner Aktionen wurde in Millionen Wohnzimmer übertragen. Ich habe als Regisseur ständig Köder ausgelegt und gewartet, bis du anbeißt. Die Handlung hätte sich auch völlig anders entwickeln können."

„Es war also überhaupt nichts echt?", fragte Tim stockend.

„Nur du und Sally, ihr beide wart echt. Der Hexer, John,

Lennox und die anderen waren Schauspielprofis, die wir über eine Agentur angeheuert haben."

„Und die Touristen, die ich durchs Schloss geführt habe?", stöhnte Tim.

Tobias lachte und griff nach einer Getränkedose.

„Waren alles bezahlte Komparsen, die uns viel Geld gekostet haben."

Nach und nach dämmerte Tim, welch zynisches Spiel hier mit ihm getrieben wurde. „SuperView" war ein skandalumwitterter Londoner Privatsender. Er galt als Marktführer im Bereich Zoten-Fernsehen und schlechter Geschmack. Der Schmuddelsender war für seine Striptease-Shows mit biederen englischen Hausfrauen berüchtigt. Er lieferte Skandale am laufenden Band und war schon mehrfach geklagt und verurteilt worden.

Tim wollte diesen miesen Fernsehmenschen packen, mit beiden Fäusten auf ihn einschlagen. Doch er fühlte sich zu schwach, stattdessen murmelte er:

„Sie sind ein elendiges Stück Dreck, das werden Sie teuer bezahlen."

Tims Drohungen ließen Tobias völlig ungerührt.

„Du kannst jetzt deine neue Popularität geschickt vermarkten. Schon bald bist du ein reicher Mann."

„Gar nichts werde ich tun, verklagen werde ich Sie!"

„Sally hat anfangs genauso empört reagiert wie du. Heute ist sie ein Star. Sie macht eine Menge Geld mit ihrer Berühmtheit, vermarktet sich ausgezeichnet."

„Das glaube ich nicht. Das würde Sally niemals tun!"

Neben dem Pilotensitz lag eine zerfledderte Zeitung. Tobias griff danach, begann hektisch zu blättern und hielt Tim eine Seite direkt vors Gesicht.

Sally! In einem ganzseitigen Inserat warb sie für eine neue Sorte Fruchtjoghurt. Es war nicht zu fassen! Sally hatte sich diesen Banditen ausgeliefert.

„Du wirst mit uns genauso wie Sally zusammenarbeiten. Zu deinem und unserem Vorteil."

Tim wollte antworten, doch plötzlich überkam ihn eine Welle von Schwäche. Während der Hubschrauberpilot, ein älterer Glatzkopf, ruhig und gleichmäßig gegen Süden hielt, erzählte Tobias von den vergangenen Wochen und kam dabei richtig ins Schwärmen: Viele Zuseher hätten „Castleshocker" im Internet konsumiert, sie ließen einfach den ganzen Tag den Livestream aus dem Schloss laufen. Sie waren bei den Führungen mit dabei, genossen die Atmosphäre der Mahlzeiten bei Kerzenlicht und delektierten sich am Psychostress der Bewohner. Real-Life-Programme seien spannend, wenn sich die Zuschauer mit den Personen auf dem Bildschirm voll identifizieren könnten, meinte Tobias. Das sei genial, einfach und würde ohne teure Drehbücher funktionieren.

Die erste Rekordquote war bei Tims Handtuchaktion erzielt worden. Dann sei es mit den Einschaltziffern ständig bergauf gegangen.

„Durch die Ermordung Johns kam erstmals Pep in die Bude!", grinste Tobias und klatschte vor Begeisterung in die Hände. Tim und Sally auf Schatzsuche in den dunklen Gewölben begeisterten ein Millionenpublikum. Dann wurde Tobias' Miene plötzlich ernst: Am Höhepunkt der Show hätte es fast ein vorzeitiges Ende gegeben. Ein verdammter Idiot von der Technik sei in die Live-Übertragung gestolpert und habe Sally alarmiert.

„Sally hätte das Ding fast zum Platzen gebracht", ereiferte sich Tobias. „Sie hat gerafft, was hier läuft, und wollte dich warnen. Wir mussten sie entfernen. Hatten keine andere Wahl."

Schon vorher sei die Sache am Kippen gewesen. Ein Mitglied der Filmcrew bekam nach Mitternacht einen lebensbedrohlichen Asthmaanfall und musste mit dem Notfallwagen ins Krankenhaus gebracht werden. Sally hatte den Wagen zufällig entdeckt und Alarm geschlagen. Fast ins Auge gegangen wäre auch die Sache mit den Zigaretten-Packungen für die TV-Mitarbeiter. Man hatte vergessen, die Lieferanten entsprechend zu instruieren.

Ein paar kirchliche Organisationen und Politiker hätten anfangs ziemlich heftig wegen der menschenverachtenden Tendenz protestiert und von Ausbeutung und Menschenwürde gefaselt. Doch schon nach einer Woche hätten Medienwächter und Moralisten vor den hohen Quoten kapituliert. Beschwerden hätte es dann lediglich wegen der häufigen Unterbrecher-Werbung gegeben. Sogleich hatte „SuperView" seine Preise kräftig erhöht. Der Hauptsponsor, ein bekannter Onlinebroker, hatte bis heute ein kleines Vermögen gezahlt. Tobias vermerkte noch voll Stolz, dass es der Titelsong zu „Castleshocker" unter die Top Five der englischen Single-Charts geschafft habe.

Tobias Brubaker galt als Trendsetter des englischen Fernsehens. Sein Denken und Handeln wurde nur noch von zwei Parametern dirigiert: Quote und Geld. Wer kommerzielles Fernsehen macht, für den zählt nur die Quote, betonte er in jedem Interview. Um Quote zu erzielen, mussten Grenzen überschritten werden. „SuperView" sei da nur konsequenter als andere und vielleicht auch verantwortungsloser. Es müsse immer schärfer, immer tabuloser zur Sache gegangen werden, wenn Zuschauer gelockt werden sollten.

Tim hatte die Ausführungen des Regisseurs teilnahmslos über sich ergehen lassen. Plötzlich tauchte die Skyline Londons am Horizont auf. Tim erkannte die Themse, durch neblige Schwaden und bläulichen Smog schien die Tower-Bridge in trübem Schlamm zu schwimmen. Wenig später landete der Hubschrauber auf dem Dach der privaten Fernsehgesellschaft „SuperView".

„Gleich wirst du unseren Boss, Mister Rodney King, kennen lernen!", rief Tobias und machte sich fertig zum Aussteigen. Als Tim aus dem Hubschrauber klettern wollte, hielt ihn der Pilot zurück.

„Mister Fraser, meine Tochter ist ein glühender Fan von Ihnen. Sie würde vor Freude an die Decke hüpfen, wenn ich ihr heute Abend ein Autogramm von Ihnen bringe."

Ohne zu überlegen griff Tim nach dem Kugelschreiber, den ihm der Pilot reichte.

„Schreiben Sie bitte: For Jessica – with Love …"

Der Mann brach vor Glück fast in Tränen aus, als ihm Tim den Wunsch erfüllte. Tobias beobachtete die Szene grinsend.

Der Hauptsitz von „SuperView" ähnelte einer glotzigen Pyramide aus Stahl und Glas. Tim wurde durch enge winkelige Gänge geführt. Überall fiepten Funkgeräte und Metallsonden. Die vielen Computer und Telefone verwirrten Tim, machten ihn benommen. Immerhin kam er direkt aus dem finsteren Mittelalter und fühlte sich hier vom geballten Hightech-Kram erdrückt.

Redakteure kamen aus ihren Zimmern und applaudierten, klopften ihm auf die Schulter.

„Well done, Mister Fraser!", hörte er immer wieder.

Tim ließ sich durch diesen Zuspruch nicht beeindrucken,

er fieberte dem Moment entgegen, da er dem Chef dieser Bande gegenübertreten würde. Vor dem Büro von Rodney King gab es abermals einen Securitycheck, dann öffnete Tobias eine gepolsterte Tür.

„Mister Fraser, es freut mich, dass Sie wohlbehalten in London angekommen sind!"

Der Mann war um die vierzig, trug ein kurzärmeliges Hemd und hatte einen korrekten, strengen Haarschnitt. An seinen Worten fast erstickend, stieß Tim atemlos hervor:

„Ich protestiere, das ist Menschenraub. Man hat mich hierher entführt. Ich werde Sie verklagen, vernichten!"

Mister King lächelte. Auf seinen Zügen zeichnete sich eine zynische Selbstgefälligkeit ab.

„Natürlich können Sie uns alle vor Gericht bringen, wenn Sie unbedingt Wert darauf legen, aber hören Sie sich vorher noch an, was wir Ihnen anbieten!"

„Ihr krimineller Sender wird diesen Skandal nicht überleben, das schwöre ich Ihnen. Das war mit Sicherheit Ihre letzte Sendung!", schrie Tim.

King zuckte nur müde mit der Schulter. Eine Sekretärin bot Tim einen Drink an, er lehnte mit einer wegwerfenden Handbewegung ab.

„Wir sind ein junger, frecher Sensationssender", sprach King und blickte Tim eindringlich an. „Mit unserem Event-TV verkaufen wir wahres Leben, unverfälscht und echt. Mein Geheimnis ist, dass ich Gefühle verkaufe. Gefühle bedeuten Wahrheit. Ich werde …"

„Wahrheit!", höhnte Tim, den Redeschwall seines Gegenübers unterbrechend. „In Wahrheit haben Sie skrupellos und menschenverachtend gehandelt. Sie haben mein Persönlichkeitsrecht verletzt."

Rodney King erhob sich aus seinem Drehstuhl und schritt zum Fenster, zeigte mit großer Geste hinab auf die Straße:

„Dort unten wird jeder Meter der Londoner City von Videokameras erfasst. Hunderttausende von Überwachungskameras lauern in britischen Städten. Manche von ihnen können bereits eigenständig Gesichter erkennen und Menschen identifizieren."

„Das ist etwas völlig anderes!", unterbrach Tim.

„Satelliten schauen in Vorgärten, Mikrokameras beäugen Kaufhausbesucher, Computer belauschen Telefonate, durchleuchten Wohnhäuser, zeichnen jedes Fax, jede E-Mail und aufgerufene Webseite auf. Alle Ihre Daten wurden längst mit Analyse-Programmen gescannt. Und da sprechen Sie von Persönlichkeitsrecht?"

„Aber … aber", stotterte Tim.

Tobias hatte die lautstarke Auseinandersetzung zwischen seinem Chef und Tim interessiert verfolgt. Nun griff er zu einer Fernbedienung, plötzlich erschien Glamis Castle auf dem Bildschirm eines überdimensionalen TV-Geräts.

„Wir sind live auf Sendung", meinte er zu Tim. „Soeben läuft die große Abschlussparty nach deinem Ausstieg."

Der „tote" John entledigte sich gerade grinsend seiner Mumien-Gummimaske, Lennox paffte Zigarren und Stan Polanski spielte auf dem Dudelsack.

Dann erschien plötzlich Sally auf dem Bildschirm. Ein Interview aus der Wohnung ihrer Heimatstadt wurde zugeschaltet.

„Tim, wenn du mich jetzt hören kannst, möchte ich dir sagen, dass ich unendlich froh bin, dass du aus der Sache heil ausgestiegen bist. Du hast es geschafft. Ich hoffe, dass wir uns bald sehen!"

Die nächsten Bilder zeigten Menschenmassen vor dem Schloss. King deutete zum Bildschirm:

„Für diese Menschen sind Sie der neue Held. Ganz England und Schottland waren live dabei, als Tucker Sie erschießen wollte. Gleich wird die Szene wiederholt, als Sie zitternd und wimmernd vor dem Kommissar standen. Wir haben dieses Duell heute bereits sieben Mal gebracht, es wird über unsere Telefonhotline immer wieder verlangt."

Tatsächlich flimmerte als nächstes die Bibliothek über den Bildschirm. Plötzlich ging Tims Pulsschlag rascher und das Herz klopfte ihm bis in den Hals.

„Schlag zu, das ist deine letzte Chance!"

Ihm war, als müsste er die schrecklichen Momente der Todesangst nochmals erleben. Das Gesicht von King nahm plötzlich einen seltsamen Ausdruck an. Verklärt blickte er zum Bildschirm, seine Stimme hatte einen schwärmerischen Unterton:

„Es ist das Grauen pur, vor dem jede Fiktion wie Lüge erscheint. Erstmals hat das Fernsehen einen Menschen gezeigt, der in echter Todesangst wimmert."

„Wir hatten eine Totale von deinem Gesicht, die Kamera hat jede Regung in deinem Antlitz erfasst", ergänzte Tobias. „Kein Schauspieler brächte diese Szene so hin. Keiner!"

King schwärmte von der „lange gesuchten, bahnbrechenden Idee der Unterhaltung". Sein Sender würde keine Kandidaten in Container sperren, wo sie sich und die meisten Zuschauer nur anödeten. Das Leben der Insassen würde sich für die Konsumenten stets als so langweilig und monoton wie das eigene Leben erweisen. Jede Fernsehserie brauche Helden, mit denen man sich identifizieren könne.

„Die Jungen wollen herausbekommen, was Wirklichkeit ist",

meinte King. „Sie misstrauen all den fiktiven Geschichten, die ihnen das Leben erklären wollen. Wahr erscheint nur, was sich echt gibt.“

Nun erläuterte King seinem Serienstar die Pläne für die Zukunft. Tim sollte die Moderation der nächsten Reality-show übernehmen. Da er auf Glamis großes Gesangstalent bewiesen habe, sei eine CD mit eigenen Songs in Vorbereitung. Er würde schon demnächst Stargast in allen wichtigen Talkshows des Landes sein. Mehrere ausländische Sendeanstalten hätten bereits um die Rechte zu „Castleshocker“ angesucht. Er würde selbstverständlich am Gewinn beteiligt werden.

Mit seiner Unterschrift unter den Vertrag würde er nebenbei auf sämtliche Rechtsmittel gegen den Sender verzichten …

„Sie brauchen bloß zu unterschreiben und Sie sind ein reicher Mann. Wir werden Ihre Vermarktung perfekt organisieren“, meinte King und reichte Tim einen Füllhalter.

„Niemals! Sie kennen meine Meinung. Außerdem werde ich jetzt gehen.“

Tim erhob sich. Plötzlich flog die Tür auf und ein Security-Mann stürmte in den Raum.

„Sir, wir haben Probleme, die Leute zurückzuhalten. Ich habe bereits Verstärkung angefordert.“

Ein Radiosender hatte gemeldet, dass sich Tim bei „Super-View“ aufhält. Tausende Menschen drängten in den Londoner Stadtteil Notting Hill. Der Verkehr war im Bereich des Fernsehsenders schon lange zum Erliegen gekommen. Die Mobilfunknetze waren unter der Last unzähliger Handys längst zusammengebrochen.

Tim wandte sich zum geöffneten Fenster. Aus dem 3. Stock blickte er auf eine gewaltige Menschenansammlung.

Plötzlich kreischten junge Mädchen auf, streckten ihm die Hände entgegen, riefen seinen Namen. Erst jetzt wurde ihm bewusst, dass dieser gewaltige Jubel ihm allein galt. Verwirrt winkte er der Menge zu, die sofort in hysterisches Geschrei ausbrach. Der Security-Mann riss ihn zurück.

„Sir, gehen Sie um Himmels willen weg vom Fenster. Sie wissen nicht, was Sie damit auslösen. Es darf zu keiner Massenpanik kommen. Wir haben schon Probleme genug."

Tobias drängte Tim zum Schreibtisch, King gab ihm nochmals die Feder zum Unterschreiben in die Hand.

Tim ließ sich benommen in den breiten Drehstuhl fallen und starrte auf den Vertrag. Jeder sei zu haben, es käme nur auf die Höhe des Geldbetrages an, hatte ihm Tobias während des Fluges erklärt. Wir alle seien käuflich. Alle? Wirklich alle – ohne Ausnahme? Gab es niemanden mehr mit einem Funken Ehrgefühl und Selbstachtung?

„Unterschreiben Sie hier, Mister Fraser!", hörte er Rodney King sagen.

Es heißt, dass hier mehr Gespenster umgehen als in jedem anderen Gebäude in Schottland.

Reiseführer „Schottland", Polyglott Verlag, München 1999

NACHWORT

König Malcolm, Duncan, Macbeth, Lady Glamis und natürlich Maria Stuart sind im Gegensatz zu den vielen Glamis-Gespenstern berühmte Persönlichkeiten der schottischen Geschichte.
„Macbeth" steht im Mittelpunkt eines Shakespeare-Dramas.
Allerdings gibt es in Schottland mehrere Schlösser, die den Ort des Königsmordes und die Macbeth-Tragödie für sich reklamieren.
Rund um das Haarmonster von Glamis Castle gibt es vielerlei Legenden.
Zu der Idee einer „Realityshow" haben mich diverse TV-Sendungen in Österreich und Deutschland inspiriert. Die verwendeten Aussagen zur Jagd nach Quoten sind durchwegs Originalzitate.
Vielleicht habt ihr einmal Gelegenheit, Glamis Castle zu besuchen.
Ich hoffe, dass euch das Buch neugierig gemacht hat!

Robert Klement

PS: Ich glaube übrigens, dass Tim den Vertrag nicht unterschreibt!

Wenn ihr mir zu diesem Buch eure Meinung mitteilen wollt, so schreibt an folgende Adresse:
Robert Klement
Franz-Binder-Str. 47
A-3100 St. Pölten

Alle Briefe werden beantwortet!

Robert Klement,

geboren 1949 in St. Pölten/Niederösterreich,
wo er heute an einer Hauptschule Deutsch und
Geschichte unterrichtet. In seinen zahlreich
erschienenen Jugendbücher hat er oft
aktuelle Geschehnisse („Sieben Tage im Februar",
Briefbombenserie in Österreich) zu spannungsgeladenen
und ereignisreichen Geschichten verarbeitet.
Verfasser von Hörspielen und Theaterstücken
für die Jugend.

Jim gewinnt bei einem Preisausschreiben einen Tag in einem supermodernen Erlebnispark. Im Cyberspace darf er versuchen, den Untergang der Titanic zu verhindern. Wird er den Wettlauf gegen die Zeit gewinnen?

Robert Klement
Rette die TITANIC
Abenteuer im Cyberspace

Ab 10 Jahren
164 Seiten, € 14,50 / sFr. 26,20
ISBN 978-3-85326-096-8

Der Meier beschließt, Detektiv zu werden. Der erste Fall, den er zu klären hat, spielt sich „unter Männern" ab …

„Eine herrlich verrückte Geschichte mit viel Witz und flotter Handlung."
Buchmedia

Christoph Mauz
Meier greift ein

Ab 11 Jahren
128 Seiten, € 11,90 / sFr. 20,90
ISBN 978-3-7017-2020-0

www.residenzverlag.at

Aus den umliegenden Gärten verschwinden nächtens die Gartenzwerge, und niemand kann sich einen Reim darauf machen. Wer sind die Entführer? Es gibt viele Verdächtige, eine heiße Spur – und nur die Katze weiß Bescheid …

Lene Mayer--Skumanz
Die Befreiung der Gartenzwege

128 Seiten, € 11,90 / sFr. 21,00
ISBN 978-3-7017-2019-4

Christoph ist verschwunden! Ausgerissen, meinen seine Freunde. Aber ein alter Nachbar ist überzeugt: Die garstige Pudelmutter hat den Jungen entführt. Eine Abgesandte von Elfland soll sie sein, ein Troll oder gar eine Hexe! Eine unheimlich-spannende Erzählung rund um Ausreißer, Kunstdiebe und eine sagenhafte Kinderräuberin, angesiedelt zwischen Realität und Fantasy.

Walter Thorwartl
Engelraub

144 Seiten, € 12,90 / sFr. 23,50
ISBN 978-3-7017-2013-2

www.residenzverlag.at